E. JOLY

Impressions d'Espagne

BERGER-LEVRAULT
PARIS

L'OEILLET DE SÉVILLE

Il a été tiré de ce livre

25 exemplaires numérotés, dont
5 exemplaires sur papier du Japon (n°s 1 à 5), et
20 exemplaires sur papier vergé d'Arches (n°s 6 à 25),

et en outre

10 exemplaires sur papier vergé d'Arches (n^{os} I à X), hors commerce.

(Anderson, Rome.

L'ENTERREMENT DU COMTE D'ORGAZ

Peinture du Greco. — Église San Tomé, à Tolède (groupe central).

E. JOLY

L'ŒILLET DE SÉVILLE

IMPRESSIONS D'ESPAGNE

AVEC 7 PLANCHES HORS TEXTE

PARIS
BERGER-LEVRAULT, ÉDITEURS
136, BOULEVARD SAINT-GERMAIN (VIe)

1922

L'ART DU VOYAGE

IMAGE de la vie dont il renouvelle l'élan vers ailleurs, le voyage ne fait d'abord qu'augmenter d'inconnu les périls d'une existence constamment menacée.

Depuis que dans la vie moderne la nécessité cesse de le conduire et que le danger n'en vient plus contrarier l'ordonnance, il peut devenir un jeu magnifique, celui des aspects variés du monde, des visages changeants de la vie. Un jeu, bien souvent, n'est que l'essai d'un art. En effet, il y a un art du voyage, comme nous en connaissons un, depuis toujours, pour les formes, les couleurs, les sons, les gestes, comme le Japon ajoute aux nôtres celui des jardins. Il y a un art du voyage qui cousiste à choisir des sites, des milieux d'humanité, en vue d'en composer des ensembles expressifs. Cette forme d'art, du reste, ne profiterait qu'au seul voyageur si celui-ci n'était doublé d'un écrivain.

On demandait au récit de voyage primitif, surtout l'aventure et un attrait de nouveauté. Chateaubriand, toujours le précurseur du sentiment moderne, donne aux beautés naturelles une importance insoupçonnée, tandis que Bernardin de

Saint-Pierre et Mme de Staël subordonnent encore celles-ci à la philosophie ou à la fable romanesque, tout comme, plus tard, Lamartine et Mérimée. Flaubert n'admettait pas que ses tableaux éblouissants pussent valoir par eux-mêmes, s'animer d'une vie et d'une pensée propres. Il le déclare d'une façon curieuse : Le voyage ne doit que venir corser un roman. Avec Pierre Loti, tout au contraire, c'est la route qui conduit le drame devenu presque accessoire. Il faut atteindre Adrien Mithouard pour que le voyage inspire enfin une forme littéraire exempte de toute sujétion étrangère à son objet, de tout intérêt d'aventure ou de confrontation lyrique avec l'auteur, trouvant en elle-même son but comme ses moyens d'expression. Venise et Grenade lui sont apparues comme des « marches » de la civilisation occidentale en lutte avec l'Orient. Cet aspect des deux villes inspire seul son ouvrage d'où l'auteur élimine sa personnalité aussi bien que les autres caractères du milieu étudié. Désormais cet art de composer le voyage devient plus fréquent en littérature. Claudel réduit ses impressions d'Extrême Orient à « la Connaissance de l'Est », connaissance presque abstraite, essence de souvenir. Barrès choisit un aspect de Sparte, une nuance d'art à Tolède. Des « jeunes » moins connus sont plus décisifs encore dans l'affirmation littéraire du point de vue nouveau, auquel il ne manque peut-être aujourd'hui que d'être nettement formulé comme principe de travail.

En même temps que la légitimité d'une telle forme d'art,

voici que se découvrent quelques-unes des conditions qui la peuvent le mieux réaliser.

La qualité des sites intervient d'abord. Tout comme les modèles humains, ils ne sont pas également significatifs. Rappelons-nous cependant que le sujet d'une œuvre importe moins que sa facture; c'est dire que la question des contrées à parcourir aura moins d'importance que les conditions dans lesquelles on les envisage; en un mot, que la « manière » du voyageur. Celui-ci aura donc à découvrir les milieux les plus révélateurs pour son tempérament, et, surtout, à les aborder au moment où leur caractère devient le plus marqué. Par exemple, il est évident que ceux qui visitaient l'Athènes antique au moment des Panathénées, devaient le mieux comprendre l'âme de la ville admirable. Chaque endroit du monde possède de la sorte le pouvoir de physionomies distinctes, d'apothéoses successives. Le voyageur devra donc chercher quelle est l'exaltation qui les éclaire le mieux; son choix, dans les éléments de ses tableaux, comportera de plus délicates et de plus nombreuses nuances que pour le meilleur portraitiste.

Il sera également attentif à surprendre chez un peuple quelque heure décisive de son histoire, et non seulement dans le présent mais aussi dans le passé. De fait, il arrive que ces grands moments révolus ont persisté dans la vie d'une nation comme les étapes d'une existence se conservent dans la vie d'un homme, dans ses aptitudes, dans son caractère, sa cons-

cience, formés par elle. Le romancier se fait surtout gloire de dénombrer les trésors anciens et secrets du cœur; le voyageur devra retrouver les antiques richesses de destin demeurées dans la race.

De même qu'une grande date est rappelée par des monuments, des œuvres d'art, parfois aussi elle reprend place dans la vie par certains usages qui la ressuscitent pour un instant sous nos yeux. Que de processions retournent au passé, à une journée essentielle de ce passé, qu'on y voulut conserver vivante à jamais!

Les moments de pleine réalisation n'existent pas que pour l'humanité; la nature les connaît également et, non moins parfaits. Il y a des beautés élues par chaque site, selon leur parure, leur lumière, l'heure du jour, la saison de l'année. Des fleurs en peuvent changer l'aspect comme un essaim de fées envolées dans un bois. Souvent, des fêtes traditionnelles sont venues accorder les éclosions de l'âme à ces apothéoses du paysage. Il en résulte, alors, des ensembles harmonieux tellement imprévus, tellement achevés que le voyageur s'épuise à en goûter le délice. Il y contemple la vie se donnant en spectacle à elle-même, et choisissant, par les rencontres des mondes et des âmes, les minutes de sa danse enivrée.

Toute cette puissance d'émotion devra être ordonnée, mise en œuvre, variée, comme en toute création d'art, par l'inspiration du voyageur.

Il demeure assez simple d'aller voir les feux de la Saint-

Jean en Bretagne, la floraison des cerisiers au Japon, le soleil de minuit au cap Nord, l'automne dans la langueur des pierres à Venise avec Ruskin. Il serait déjà plus ingénieux d'aller, par exemple, surprendre le déchaînement des coquelicots sur les falaises de Cornouailles et de suivre l'éclosion des frêles fleurs jusqu'à celle d'un coquelicot jaune qui trouve moyen de fleurir au Spitzberg : petite fée en courte robe de soie aux confins des glaces polaires. D'antiques courants d'idées se sont associés aux aspects de la nature et aux lois des saisons. Le voyageur rencontrera surtout ces simultanéités dans les grandes fêtes traditionnelles. Les lettres réunies ci-après furent inspirées par la recherche d'une de ces harmonies d'expression.

Nous avons voulu mieux comprendre l'Espagne en la contemplant au plus haut de sa ferveur, pendant la Semaine Sainte, et en venant à elle les yeux et l'âme avivés des rapprochements et des contrastes offerts par le départ de Belgique.

Le printemps pascal est pour notre Occident une fête à la fois de la nature et de la pensée. Le voyageur en peut composer les aspects de façon à en trouver l'achèvement dans un des pays où elle atteint sa plus vivante célébration. De là, notre essai d'un voyage partant de la Belgique, de Furnes et des bords de l'Yser, vers l'Espagne et Séville, donc vers des tableaux d'une vie paroxyste, relevés par les rapports et les oppositions les mieux indiqués.

La Belgique vient de prouver une fois de plus que, si l'héroïsme est la vertu nécessaire aux nations qui ne veulent pas périr, il est vertu racique, chez elle, non moins par sa situation sur une des grandes routes guerrières de l'humanité que par une héréditaire impatience à tout servage. Le moment s'indique donc, pour un Belge, de visiter la nation chez qui l'héroïsme, non moindre, prit un caractère, si on peut dire, fonctionnel, dans la durée d'une épreuve séculaire. Comme le roi Albert vit la Belgique réduite à un étroit bourbier, le roi Pélage vit l'Espagne restreinte aux montagnes qui l'abritaient et d'où, peu à peu, les combattants fidèles repoussèrent l'occupant sacrilège par la « reconquista », la « reconquête » du sol natal. Ce fut, comme chez nous, la résurrection d'un peuple par le retour à sa plénitude nationale. Ce rapprochement actuel et décisif n'est pas le seul. Personne ne saurait oublier la longue union sous le même sceptre, non par conquête, mais en toute justice, selon les prescriptions du droit féodal. Il s'est trouvé que la Belgique fournît le plus grand de ces souverains communs, le second Charlemagne, sur les États duquel le jour ne cessait pas. Charles-Quint est demeuré un des héros de la tradition populaire en Belgique. Les « Mères-Grand » racontent encore comment « l'empereur Charles » aimait se mêler aux pauvres gens. Et dans ces récits le paysan s'affirme devant l'Empereur en manière d'Uylenspiegel, prend figure d'un Sancho du Nord, fier, goguenard et fidèle, certain que tous les hommes se valent devant Dieu. Ainsi le même loyalisme, comme la même foi obstinée, gouverna ces deux peuples si dissemblables et si équivalents, unis par un même idéal. Que d'autres points de contact entre eux ! C'est le même appétit mystique avec le même souci de réalité matérielle, la même maîtrise picturale, un sens unique de la couleur, le goût du faste, de la sensualité et de la mort, une patience terrible, une férocité ingénue. Si donc nous allons, au printemps, de Belgique en Espagne nous pourrons mieux comprendre un pays déjà tout expressif de lui-même.

Ce rayonnement y pourra devenir tel que chaque ville nous apparaisse comme résumant plus particulièrement un aspect de la vie et de la pensée nationale. On ne saurait alors arriver à Burgos sans frémir de chevalerie, comme à Séville sans être enivré de beauté, de mouvement, de vie en fleur. Notre but sera de goûter l'âme du pays en son intégrité. Nous ne chercherons pas en quoi elle diffère de la nôtre, mais en quoi elle s'accomplit et se dépasse, et quelle valeur d'idéal elle sut atteindre. Il ne s'agit, pour nous, ni de découvrir, ni d'inventorier. Nous voudrions tenter de peindre l'accord d'un site, d'une pensée et d'un art, accord qui compose la physionomie d'une nation. Nous devons essayer un portrait multiplié par les attitudes différentes, mais unique par l'identité du modèle et dressé devant lui comme son vivant symbole. Nous ne prétendons montrer l'Espagne ni comme elle est ni comme elle fut, mais seulement comme quelques Espagnols la voulurent, au point d'achèvement virtuel où l'ont portée, pour un moment, dans tel ou tel site, quelques œuvres d'art, quelques gestes d'âme. Ce qui compte pour l'humanité, ce n'est ni ce qui fut ni ce qui est, mais ce qui devrait être. Nous surprenons cet idéal dans des aspirations profondes qui se décèlent rarement, mais pour livrer alors le cœur même d'un homme ou d'un peuple. Seul importe ce cœur.

Et voici dès lors avec ce choix de l'Espagne au temps pascal, que les fleurs viennent unir leur mystère à l'harmonie des paysages, à celle de la pensée des hommes et de leur art. Ce sont, à notre départ, les pâquerettes dont le nom chante l'Alleluia, dont la forme rayonne en soleil, dont les couleurs sont d'argent et d'or comme dans les armoiries que les croisés choisirent pour le royaume conquis à l'Orient radieux. Les gens de Flandre ont toujours regardé les pâquerettes comme annonçant l'arrivée du bonheur. Dans le polyptyque de Gand, les Van Eyck en ont constellé le gazon qui, autour de l'Agneau immolé et pour la joie des élus, drape la terre où chante la fontaine du rachat divin. Aujourd'hui, elles éclairent de nouveau les prairies sortant de l'inondation providentielle, la terre arrosée du sang des héros. Elles foisonnent autour de Furnes, cette Séville plus petite et plus triste, qui fut vouée à la Passion du Sauveur et la commémore selon un mode tout emprunté d'Espagne. De ce rude littoral de la mer du Nord, les pâquerettes marquent notre route vers le Midi. Nous les trouvons illuminant les gazons d'Aranjuez. A Séville, elles rejoignent d'autres fleurs. De petites roses d'or couvrent le pavillon de Charles-Quint dans les jardins de l'Alcazar. Les orangers encensent les « tombeaux » mystiques. Pourtant, une seule fleur ici les prime toutes : l'œillet, le grand œillet dont la culture est traditionnelle à Séville.

Ce que cette fleur exprime, ce que le peuple lui demande et ce que le voyageur en reçoit, c'est l'âme même d'un pays exaltée par le rêve surhumain, l'ivresse divine de Pâques. Cette apothéose d'une nation tient dans le parfum ardent, l'image royale et délicieuse de l'œillet pourpré. L'homme, dans une fleur, cueille ici son destin.

Il semble que pour partager l'enchantement d'une telle heure, de tels tableaux, on devrait se sentir Espagnol et croyant. C'est, au contraire, le privilège de l'art, dont ce voyage se veut seulement une forme, qu'il puisse livrer chaque saveur de la vie sans qu'on doive, pour l'apprécier, partager cette vie elle-même. L'art sépare l'émotion du réel comme la fleur emportée d'un rosier. C'est pourquoi chacun, sans être ni Belge, ni Espagnol, ni catholique, peut s'enivrer de la vie d'Espagne ou de Belgique, y trouver un délice et une force. Il suffit pour cela de savoir aller au moment voulu, avec les yeux qu'il faut, des pâquerettes de Furnes à l'œillet de Séville.

L'IMMACULÉE

Tableau de Murillo. — Musée du Prado

BURGOS

ET L'HÉROÏSME ESPAGNOL

Il a fallu que la route se rapprochât de la mer, plaine et route sans nombre, pour éviter cette muraille des Pyrénées dont les masses mêlées de ciel et d'abîme menacent encore dans l'éblouissement de vos yeux. L'Espagne obtenue accuse bientôt son caractère en opposition aux dernières plaines de France. La terre n'est plus morcelée de cultures, elle étend au large l'étoffe de sa robe et la cassure de plis de plus en plus profonds. Voici les formes et les couleurs de la roche telles que les font, seulement, la brûlure de l'air et l'usure des eaux. Rien que les parures des saisons sur cette sincérité du sol, avec les montagnes qui sont ses violences. Le gris sobre et hautain s'auréole d'azur. On dirait qu'au loin passent, couverts de mailles, des chevaliers errants. Voici le pays des forteresses, des tours demeurées dans les armes d'Espagne : les Castilles et Burgos, la patrie du Cid, la ville d'héroïsme. Alentour dans la plaine rude, il y a quelques arbres. De l'un d'eux une cigogne, affairée à son nid, s'est envolée dans un éploiement soyeux d'ailes noires et blanches.

A mi-hauteur de collines dont la plus proche élève l'élan radieux de la cathédrale, Burgos descend vers la rivière qui se courbe un peu autour de la ville. Voici l'Orlanzon que ses brusques débordements rendent redoutable. Sur le bord s'allonge un triste jardin : le « paseo del Espolón viejo » (le jardin de « l'éperon du vieux pont ») où des statues de rois aux gestes emphatiques dominent inutilement les promeneurs qui ne les regardent plus. Cependant la ville vous apparaît entourée encore d'une ceinture de cloîtres et de casernes, comme de bras levés pour les armes ou les prières. Vous franchissez l' « Arco de Santa Maria », porte érigée en hommage à Charles-Quint après une révolte du vieil esprit autonomiste. Sa facture est d'une maladresse et d'une lourdeur qui feraient croire, d'abord, à plus d'antiquité. On y voit, sous des créneaux de forteresse, en un rassemblement significatif, la Madone, des anges, des géants, des héros, Charles-Quint et le Cid, l'empereur et le chevalier. Dans les rues resserrées entre la rivière et la colline de la cathédrale, des hôtels anciens disent la rude vie des grandes familles et, aussi, leur humble piété. Quelques-uns sont connus dans l'histoire de l'architecture espagnole, notamment la « casa del Cordon », du xve siècle, montrant les armoiries des Velasco et des Mendoza reliées par le cordon franciscain à cinq nœuds. Un peu en dehors de la ville, un pittoresque mémorial du XVIIIe siècle, tout chargé d'écussons, rappelle l'endroit où s'élevait la maison ancestrale du Cid : « El solar del Cid », le « sol » natal, le domaine de famille. C'est lui le roi d'ici, et son souvenir règne partout.

Vous allez chercher le panorama de la plaine devant le « Castillo » de Fernand Gonzalès, un très vieux comte de Castille qui voulut s'affranchir du pouvoir royal : ce qui n'empêcha pas, du reste, Philippe II, le roi terrible, de glorifier la mémoire du chevalier trop indépendant par l'arc triomphal qui se trouve un peu plus bas. Or, dans ce château fut célébré le mariage du Cid avec Chimène. Le héros, pour ce jour, préféra au plus riche costume une cotte de cuir, toute zébrée d'entailles et tachée de sang, qu'il avait portée dans son plus terrible combat. Les splendeurs du luxe durent céder au symbole de gloire. Vous le rencontrez encore à la sombre église de Santa Agueda, où, pour obtenir l'appui d'une telle fidélité, le roi Alphonse VI dut jurer au Cid n'avoir pas trempé dans la mort mystérieuse d'un frère rebelle. Le vassal obligea le souverain à trois serments : sur la croix, sur l'évangile de l'autel et sur ce verrou que l'on montre encore... Le verrou, qui garde l'intégrité des demeures, n'est-il pas bien propre à engager avec notre parole l'existence même de notre foyer? Dans une dépendance de la cathédrale, c'est le fameux « coffre du Cid » que celui-ci donna en gage aux prêteurs juifs. Il y avait enfermé les pierres de la tombe familiale, défendant bien aux usuriers de l'ouvrir. L'absence du héros se prolongeant, les juifs finirent par examiner le gage... Et le Cid, revenu vainqueur de nouveaux combats, ne leur fit grâce de la mort méritée par leur défiance que moyennant de larges aumônes à l'église... Ses ossements mêlés à ceux de Chimène vous arrêtent un instant à la chapelle de la « Casa consistorial », où ils arrivèrent après ces voyages que les destins des peuples imposent aux grandes reliques. Le héros primitif admit sans doute les cruautés voulues par l'action, les ruses que demande la politique; cependant les siècles n'ont plus gardé de sa mémoire que le geste essentiel, le seul héroïsme. Un jour, certain juif s'approcha du tombeau du Cid rêvant de toucher par dérision la barbe du grand mort... Mais il le vit debout, la fameuse épée Tisona tenue en son poing. Il se convertit. C'est ainsi qu'il advint pour la gloire du Cid. La tombe a effacé les misères de l'homme et le héros s'y dresse dans l'éclat pur du fer.

La cathédrale qui domine la ville héroïque apparaît si féminine et maternelle qu'elle nous semble la châtelaine, la femme à sa plus haute puissance, à côté du chevalier réalisant l'idéal viril... C'est « la dame », un des trois termes sacrés enfermés dans la formule de toute chevalerie : « Dieu, ma dame et mon roi »... Mais la dame de chacun n'est qu'une ombre de « Notre Dame », la Reine du Ciel, celle qui, d'être « bénie entre toutes les femmes », achève seule leur grandeur et porte jusqu'à Dieu la gloire ineffable des mères... Marie domine le Moyen Age par la cathédrale. Voulez-vous voir la seule image possible d'une telle beauté? Ne regardez plus alors les œuvres des peintres, même si on les appelle Giovanni l'angélique ou Moralès le divin; regardez une cathédrale qui transpose la gloire de « Notre Dame » et occupe de cette présence tout l'espace de la vie, au milieu d'un horizon prosterné.

Ici la cathédrale triomphe de tout un faîte de flèches, de diadèmes, fourni par les deux clochers, le couronnement du dôme octogonal, les huit pinacles en nombre de béatitude. La pierre est un calcaire au grain cristallisé comme celui du marbre, travaillé pendant trois cents ans pour cet essor de blancheur, cette céleste frivolité de dentelle en plein zénith. L'église s'accoude comme une reine en son trône à la colline qui porte la chapelle de Saint-Nicolas, coffret à joyaux où s'enferme un retable en rosace, réplique presque de celui de Miraflorès. A la plus haute des galeries, vous découvrez des caractères, des lettres comme celles d'un entrelacs d'amour dans un billet ornementé : *Tota pulchra es et macula non est in te :* Vous êtes toute belle et immaculée... Ainsi les paroles qui résument l'absolue perfection de Notre-Dame sont écrites au plus haut de son temple comme un cri perpétuel de ferveur et un perpétuel gage de miséricorde... Tout ce que nous pourrons voir de l'enthousiasme espagnol pour la Mère divine se résume déjà, ici, avec une grâce de fleurs sur des roches, par l'artifice de ces mots qui se découpent dans l'azur.

Goûtez l'enchantement de votre visite dans la cathédrale... Car c'en est toujours un, la visite des cathédrales d'Espagne, et il diffère pour chacune comme une ivresse qui se transformerait pour chaque différent vin. Vous retrouvez le contraste de force et de tendresse qui vous a saisi dès l'arrivée à Burgos composant un ensemble où tout ravit à la fois. Un grand escalier d'or s'étire entre les pierres; sa couleur de soleil l'impose à nos regards. C'est un faste de cour au service du temple. Il vient de la porte sud épanouie de sculptures, presque toujours fermée, réservée aux avènements décisifs. Ses trente-neuf marches fleuries de lianes orfévrées font perpétuellement descendre dans le sanctuaire une voie de clarté, une échelle d'anges. Gilles de Siloé le terminait en 1519. Voici autour du chœur la vie et la passion de Jésus dressées comme une haute muraille d'amour, de ferveur exaspérant le réel au lieu de le supprimer... L'œuvre est bourguignonne, flamande, on le sait. Mais comme elle est aussi et déjà espagnole, par ces proportions que le gothique, chez nous, n'admet presque jamais, par une énergie d'expression que le terroir impose, dès l'abord, aux artistes et aux écoles de partout!... Imposer est trop peu dire... Car cette métamorphose de chaque facture s'opère par une réaction immédiate, inconsciente, de l'ambiance souveraine d'ici... Et comme cet art flamand, au lieu de se guinder, de se contrefaire, se sent épanouir dans l'ardente atmosphère, qui, sans le changer, ne le fait que se ressembler mieux! La longue admiration de cette clôture du chœur sous les voûtes étoilées vous amène à la chapelle du Connétable... Il faut accueillir volontiers les légendes, plus véritables souvent que la réalité; aimons de même ces mots, qui, transmis à travers les siècles, enferment tout un geste d'âme bien souvent. C'est ainsi qu'un profil de médaille simplifié par l'usure vous donnera mieux qu'un portrait les secrets d'une physionomie. Or, il y a un mot populaire et traditionnel pour résumer l'histoire de cette chapelle du connétable de Castille, Pedro Hernandez de Velasco, comte de Haro, à qui sa femme, Dona Mencia de Mendoza, l'aurait préparée pendant les longues absences des combats. Quand le chef-d'œuvre fut achevé, elle aurait écrit simplement à l'époux : « Je vous ai préparé de quoi prier et de quoi dormir à jamais. » Comme ces deux repos sont aussi doux et familiers l'un que l'autre à l'âme héroïque, l'asile de prière et de mort vous apparaît d'une gaieté d'enfant... Les retables en sont célèbres. Celui du maître-autel représente en figures de grandeur naturelle la plus belle des Chandeleurs, un chef-d'œuvre de la sculpture espagnole. A côté, l'autel de Sainte-Anne réalise un rêve à la Memling : vierges aux fronts bombés sous de lourds cheveux d'or, à la bouche petite, aux trop grands yeux, au corps virtuel vivant de la seule magnificence des étoffes précieuses.

La chapelle qui demeure comme un monument d'amour conjugal n'est pas seule ici à nous signifier la noble femme d'Espagne. Nous l'y avons trouvée dans le Moyen Age belliqueux ; le petit oratoire de Sainte-Thècle, d'un mauvais goût notoire, nous la montre à la fin du XVIIIe siècle. Combien les choses dont le mauvais goût s'affirme célèbre sont d'ordinaire expressives et combien il faut les aimer !...

Ce mauvais goût, presque toujours, n'est que la traduction d'un état très transitoire dans un pays, une époque ; l'état est passé si vite que ceux-là mêmes qui l'exprimèrent ne s'y reconnurent plus, une fois envolée l'heure d'exception... Mais aucune de ces heures ne surgit sans livrer un peu de notre mystère. Elles se rencontrent dans l'existence de chacun. Tous, nous avons, un jour, voulu fixer de quelques lignes une vision des choses qui ne nous avait pas encore frappé. Lorsque, plus tard, nous avons relu, nous n'avons plus retrouvé le sens profond dans les mots devenus pour nous presque étrangers, ridicules... Malgré cela, il fut vrai, ce sens, pour l'instant où il nous découvrit des secrets qui, d'ordinaire cachés, n'en existent pas moins dans l'âme et dans la vie. De même, les œuvres « de mauvais goût » sont bien souvent la traduction fiévreuse et passionnante d'une de ces crises révélatrices. En voici fixée devant nous une des plus émouvantes : la fin de l'ancien régime. Quel acquis de violence, de grandeur, d'orgueil, de résignation, d'affinement par la douleur et le plaisir, s'est totalisé dans ces derniers jours du règne des grandes aristocraties ! Comme on ferait pour un ex-voto, l'aristocratie espagnole a transporté en pleine église, afin d'y résumer la vie d'une grande dame d'alors, la grâce d'un irréel boudoir en offrande dans la maison de Dieu. La chapelle de Sainte-Thècle n'est, en effet, qu'un boudoir pompadour... C'est un Français qui est venu faire cela. Mais comme le Belge de tout à l'heure, il a été saisi et renouvelé par l'ambiance... Si bien qu'entre les énormes piliers gothiques, sous les ogives haussant vers le ciel la pierre dure, le boudoir rococo accroche ses guirlandes de fleurs, ses vases baroques, ses anges aux grâces mièvres de petits amours... Tout cela, non seulement prodigue les souplesses de draperies, les rondeurs de gestes enfantins, mais « l'étoffage » espagnol de la grande école s'imposant encore à cette vision pompadour, le décor entier s'anime au printemps des couleurs... Dame de ce boudoir consacrant au maître de nos jours la plus fraîche, sans doute, des heures de l'humanité, l'austère martyre qui subit au Ier siècle le supplice du feu, contemple (en un maniérisme charmant de si bien s'accorder à ce qu'on peut appeler une exquise « mascarade ») les bourreaux immobilisés par des amours, le bûcher qu'entourent festons et astragales...

Pour mieux comprendre les leçons de tels contrastes, regardez de l'autre côté des larges nefs une chapelle devant laquelle les prêtres qui passent s'inclinent comme devant le tabernacle : c'est là que se trouve le Christ « très saint » de Burgos... Il est naturel de trouver étrange l'idée de ce crucifix revêtu très probablement d'une peau humaine, offrant, de la sorte, l'image la plus réaliste que l'on pût concevoir du Sauveur supplicié pour nous. La plupart des voyageurs se scandalisent. Mais le grand poète qu'est Adrien Mithouard chante ce que nous voulons faire entendre ici : la leçon sublime, le crucifix de l'héroïsme, celui qui nous livre l'âme de Burgos, l'âme du Cid : « A la cathédrale de Burgos, un Christ illustre dont quelques-uns ont médit avec légèreté, s'est fait homme vivant jusqu'à nous emprunter toute l'horreur de notre cadavre. Les cheveux pendent collés ensemble, mouillés de sueur; son corps vêtu d'une jupe, est recouvert d'une peau authentique, parcheminée, brune, raidie d'une patine cireuse... maculée de sang noir et l'on allume deux cierges pour nous montrer ce Dieu sauvage descendu au plus bas de notre animalité putride. Terrible est en Espagne la présence réaliste de Dieu... » Terrible, oui, mais douce, aussi, ineffablement, puisqu'elle montre nos suprêmes misères passées, par la loi de Rédemption, jusqu'en Dieu. Devant elle les croyants plus que partout ailleurs sentent une présence d'en haut. Sans étonnement, comme d'une chose à peine confidentielle, les servants d'autel parlent de voix entendues, de clartés célestes, de gestes, tout à coup, du Crucifix « très saint », de l'image, effroyable et sacrée ainsi que la dépouille humaine qui la revêt, morte et vivante, divinement.

La prière, la conjuration à la présence céleste, s'est donc voulue aussi, à Burgos, dans son paroxysme dernier. Pour être mieux entendue, c'est un cadavre qu'elle éleva vers Dieu comme le trait d'union suprême entre les vivants et leur Père d'au delà. L'image est d'ailleurs, on vous le fait sentir par l'exacerbation des rites. Elle ne demeure visible que lorsqu'un prêtre célèbre devant elle le sacrifice mystique dont elle conserve l'expression mortelle. Si vous obtenez qu'on la découvre pour vous, il faudra qu'on allume les cierges de l'autel. Les ornements de celui-ci sont étranges, de symbole et non de beauté. Aucun n'est plus mystérieux que les trois œufs d'autruche rassemblés au pied de la croix. Ils doivent commémorer la résurrection, la résurrection au bout de trois jours, dont l'œuf fut une image aux premiers temps chrétiens.

« La Castille (continue Mithouard) a mis dans les plus vulgaires comme dans les plus fameux de ses christs sa passion austère et son humeur ombrageuse. Il n'y a pas chez elle de place pour une douce émotion ni d'instant pour un sourire. Mahomet triomphe au sud dans le magnifique embrasement du ciel andalou. Sept ou huit siècles, ce peuple vit et meurt sous les armes pour maintenir une mouvante frontière. Le Christ occidental qui lui imposa cette faction surhumaine s'est incarné à son image. Il a pris sa dure ressemblance. Il a vécu les grands siècles de lutte avec lui. Il l'a soutenu dans sa fierté et exhorté dans son obstination. Il a marché sur sa terre ingrate. Il a saigné sur ses horizons sans joie. Le soir, il parlait tristement à ces âmes fiévreuses. C'est que la sensibilité de l'Espagne a été formée à l'épreuve. Elle ne reçut pas d'autre éducation qu'un dur service... le sentiment de l'honneur était toute sa richesse. » Dans *Axel*, Villiers de l'Isle-Adam nous peint le caractère de son héroïne par ces mots : « elle a l'âme des épées ! » Telle est aussi la gloire de l'Espagne. Elle possède l'âme de l'épée, une âme qui se teint tour à tour de pourpre, d'azur et d'or, de sang, de ciel, de soleil, comme un fer trempé aux eaux de Tolède et que l'héroïsme brandit par-dessus les mêlées. On ne peut, en elle, concevoir rien de bas, de quelconque, d'inachevé. Bien ou mal, tout ici sera essentiel, en ordre d'absolu.

Dans la foule des peuples, aussi bien que dans celle des individus, il est des personnalités si expressives, qu'elles prennent une valeur de symbole, un sens définitif. A jamais, par exemple, l'Hellade représentera l'empire de la pensée, Rome celui du droit. Aucun de ces caractères nationaux n'est plus marqué que celui de l'Espagne incarnant l'héroïsme, celui de la pensée comme celui de l'action, celui de la beauté comme celui du devoir. C'est par là que le monde lui doit tant, depuis l'Occident deux fois délivré par elle, les Maures refoulés, les Turcs défaits à Lépante, jusqu'aux réalisations de pensée et d'art qui sont aussi graves et fécondes que l'éclat du plus beau sang versé pour la plus belle des causes. Chacun des arts avec ses différents styles se transforme chez elle selon la loi de l'exaltation nationale. Toutes les écoles y accusent un accent particulier ; ce qu'on pourrait appeler le régime de « serre chaude ». Les deux reines de la peinture, l'Italie et la Belgique, saluent dans le plus coloriste des maîtres, un Espagnol, Velasquez. La force de Michel-Ange demeure antique et païenne à Rome : elle se fait chrétienne et « moderne » dans le Michel-Ange de Séville, l'admirable Montañès. L'Espagne conçoit un théâtre affranchi de l'imitation antique, purement chrétien et « moderne » encore une fois, ajoutant aux anciens mobiles tragiques de pitié et de terreur un goût de volupté et ce vertige de ciel et d'enfer grandissant les âmes à son double infini. C'est ici que se damne don Juan. Les cris de ses mystiques n'ont pas fini d'étonner les hommes. Son peuple tout entier atteste un sens de la vie et de la mort sans analogue aucun. La loi (parfois si contestable) de l'influence des milieux nous offre ici une de ses applications les plus frappantes. Isolée à l'extrême occident et à l'extrême midi de l'Europe par la barrière des Pyrénées, mêlant si bien plaines et sommets de neige sous un tel soleil que le dicton « climat de paradis et d'enfer » s'y applique presque partout ; semée de villes aussi dissemblables que l'humeur des hommes et des jours et émerveillantes comme la vie dont les contrastes s'épuisent en elles, c'est bien la terre d'Espagne, unique comme son âme, qui fait celle-ci excessive et achevée, « héroïque » en un mot, à son image.

Ainsi la notion d'héroïsme sera la première dans notre étude, elle en formera la base, elle en éclairera tous les aspects. On peut être héroïque vis-à-vis des autres, et c'est le guerrier. On peut l'être vis-à-vis de la nature, et voici l'artiste. On peut l'être vis-à-vis de soi-même et de Dieu, et voici le mystique. L'Espagne fut héroïque en tous ces modes ; elle réalisa l'idéal d'un paroxysme universel. Elle obéit à la fascination des sommets, elle se trouva vouée historiquement à la grandeur.

Presque tout le premier Moyen Age, qui apparaît comme un printemps des peuples de l'Europe Centrale, avec tant de beauté et de souffrance, fut absorbé, pour l'Espagne, dans sa lutte unanime contre le Maure. Alors que notre féodalité s'usait aux querelles intestines, cette lutte confondant pour l'Espagne l'intégrité de la patrie avec l'unité de la foi, lui révélait déjà le sentiment national. Ce fut comme une exception à ce qu'on pourrait appeler la chronologie de la mentalité européenne. Pour l'Espagne chrétienne, ce sentiment existe à tous les âges de l'histoire, sollicitant et affirmant sa noblesse. En effet, comme il se veut prêt, toujours, à mourir pour ce roi en qui s'incarne la double patrie du ciel et du pays aimé, tout Espagnol se croit aussi un peu gentilhomme. L'idéal chevaleresque fut celui de la nation entière.

La chevalerie n'est pas comprise encore en toute sa grandeur. Il n'y faut pas voir seulement une exceptionnelle forme sociale, mais la plus formidable affirmation individuelle que l'humanité puisse sans doute offrir. L'état de migration et de barbarie avait remplacé les liens sociaux par la suprématie des meilleures conditions de lutte : les armes, le moyen de course le plus rapide, l'abri inattaquable. L'épée, le cheval et le château assurent la domination du fort. Celui-ci, le prêtre le vient prendre par la main et le fait entrer dans l'église pour y veiller toute une nuit en prière. Au matin l'officiant remet au guerrier l'arme qui fut posée sur l'autel ; il le sacre chevalier. Jamais le plus exigeant des anarchistes n'a rêvé pour l'homme un affranchissement analogue à celui du chevalier ne relevant que de Dieu. Le nihiliste se borne à tuer, le chevalier tue et protège en même temps, redresse les torts, prétend établir le règne du bien dans ce monde où règne le mal. Son pouvoir n'aura d'autre loi que sa conscience. Il dispose en maître de la vie par la mort et, pour s'instruire à ce sacerdoce souverain, vit avec l'apprentissage continuel de la mort. Elle est toute sa parure. C'est la mort qu'on donne ou dont on se garde qui luit dans l'éclat de son épée, de son casque, de son bouclier. C'est sa leçon qui rit dans l'or des éperons... Et comme elle règne sur le nombre en assujettissant à sa crainte tout ce qui vit, le chevalier qui détruit cette peur en son âme, prend en lui l'empire de ce monde au lieu de la crainte de cette mort... Il est le roi errant.

La chevalerie s'organise et se discipline en Espagne plus vite qu'ailleurs, car la tâche démesurée imposa très tôt l'effort collectif. Les ordres militaires se fondent dès l'origine et demeureront en pleine grandeur jusqu'à l'unification de Charles-Quint. Une partie des jardins de l'Alcazar qu'on vous désigne comme surtout fréquentée par les souverains d'aujourd'hui lorsqu'ils séjournent à Séville, renferme des dessins de buis formant d'étranges croix. Ce sont les croix distinctives, compliquées de fleurs et d'armes, choisies par les grands ordres militaires d'Espagne. L'haleine du buis pascal, son parfum amer et fort, monte à vos narines de la terre embrasée et vous semble un encens choisi pour les héros. Les « maîtrises » espagnoles se vouent à l'héroïsme perpétuel. Le manteau brodé de leur emblème ne peut couvrir que des épaules niant le joug des peurs pour l'orgueil d'être grand. Accourant chaque fois qu'il fallait mourir en gloire, les ordres firent l'Espagne moins encore par la « reconquête » sur les Maures, qu'en généralisant cette bravoure qui continue d'y éblouir et d'y attirer les âmes.

L'influence en a été résumée dans l'esprit de la foule par le souvenir d'une des plus folles et des plus nobles prouesses qui furent jamais : la chevauchée du maître de Calatrava s'en allant avec quelques milliers de fidèles se faire tuer jusqu'au dernier par l'armée maure de Grenade... Ébahis du sacrifice, qu'ils admirèrent sans pouvoir en comprendre toute l'audacieuse sagesse, les infidèles rendirent les corps aux chrétiens. On écrivit sur la dalle funèbre du maître de Calatrava la leçon pour laquelle était mort le héros : « Il ne connut jamais la peur. » Ne pas craindre, aller jusqu'au bout de soi-même, mourir lorsque la mort vous peut seule accomplir, proclamer une telle leçon ne valait-il pas de se sacrifier sans autre but ? Quel but meilleur que de faire ainsi un peuple plus digne de lui-même ? Tout le monde ne pouvait comprendre cela aussitôt. Ceux qui ne voient que l'utilité directe s'efforcèrent d'arrêter la marche au trépas. Leur dernier effort se fit au pont de Cordoue. En visitant la mosquée cachant dans la forêt de ses colonnes précieuses à la fois le nid radieux du mihrab et le haut chœur chrétien, en regardant les orangers dont les alignements correspondent au dehors à ceux des colonnes en futaie, parmi tant de beauté sereine, je ne pouvais songer qu'au pont du sacrifice... Toutes les races, depuis les Romains, ayant travaillé à son solide élan, il est là, énorme et superbe, plus large beaucoup que le Guadalquivir, le « fleuve souverain ». C'est ici même, du côté de la ville, qu'on arrêta une dernière fois la marche des sublimes affolés. A leur tête, un ermite portait une croix de bois, la croix de sacrifice et de gloire, la croix de mort et de résurrection. Alors, après qu'on leur eut remontré de nouveau que leur geste était inutile, que le roi le défendait, que Dieu le réprouvait, ils s'élancèrent vers Grenade sachant qu'il est toujours permis de bien mourir.

On raconte d'ordinaire devant l'épitaphe du maître de Calatrava, une anecdote traduisant la dualité vitale de l'âme espagnole. Charles-Quint ayant lu l'altière sentence : « Il ne connut jamais la peur », aurait riposté : « Il n'avait donc jamais mouché une chandelle avec ses doigts ? »

Tout l'inévitable des fatalités matérielles pèse ici plus sensible dans un plus humble exemple. Constater le nécessaire recul de la chair devant la plus petite douleur n'est pas renier l'héroïsme, mais montrer le juste sentiment du réel qui permet seul au geste d'être sans retour. Il faut avoir évalué l'angoisse pour n'y point défaillir. C'est pourquoi les plus irrévocablement braves sont parmi les plus réfléchis, les plus conscients. De même, les plus extasiés contemplatifs sont d'abord les plus soumis à la réalité matérielle. Sancho dédouble l'âme espagnole en mettant sa pratique raison de moitié avec l'enthousiasme de Don Quichotte. Chez nous, Lamme Goedsack, compagnon fidèle d'Uylenspiegel, tient le même rôle. Et Charles-Quint se sentait le droit d'affirmer d'un sourire la prudente sagesse, lui à qui, malgré le poids de la chape impériale, ses pairs de la Toison d'Or reprochaient de se trop exposer dans la bataille. Nous surprenons ici le balancement nécessaire des contrastes : la caricature accusant la beauté, la critique purifiant et assaisonnant la louange. A côté des morgues sublimes jusqu'à nous fatiguer, le théâtre espagnol montra le Matamore, le tueur de Mores, brave seulement en parole. On s'en moquait d'autant mieux que le vrai brave était à côté pour rire, le premier, de la caricature qu'il démentait. Il faut qu'un peuple soit certain de sa vaillance pour s'amuser de la peur. Aurions-nous compris qu'un autre qu'un Espagnol et un combattant de Lépante osât écrire l'histoire de Don Quichotte? L'Espagne devait être excessive jusque dans le rire :

> Le grand rire qui sied aux poitrines robustes.
> ... Où vibre la jeunesse immortelle du cœur...

comme a dit Sully-Prudhomme. Est-il assez puissant, le rire de Cervantès ! Il le fait l'égal des plus achevés railleurs : d'Aristophane parodiant son Athènes adorée, de Swift enfermant l'Angleterre dans Lilliput, de Molière malade de subir Oronte, Tartufe et Célimène... Mieux encore que leur rire à eux, celui de Cervantès, d'être plus amer, saura enfermer toute l'immense duperie de la vie par le rêve, du réel par l'idéal. Ne nous en étonnons pas. Rappelons-nous plutôt que Cervantès fut en même temps un admirable poète dramatique, dont les pièces, un peu méconnues, inspirèrent Calderon et Lope de Vega.

Les traits d'héroïsme, on le sait, encombrent le théâtre espagnol. Il en est de même dans la vie de la nation ; nous n'en citerons qu'un, typique, pour fixer leur ton dans notre pensée. Au siège de Tarifa, les musulmans avaient fait prisonnier le fils de Don Alonzo Pèrez de Gusman qui commandait la place. Ils l'amenèrent devant les murs, criant au père que son fils serait massacré sous ses yeux si la ville ne se rendait. L'Espagnol, comme réponse, leur jeta son poignard pour égorger l'enfant, que les ennemis tuèrent en effet tout aussitôt... Cela fit une grande clameur dans la foule accourue aux remparts. Alors, seulement, le père sursauta : « Je croyais, dit-il, que les Maures entraient dans la ville ! »... Un bras jetant un couteau figurera désormais sur l'écusson de la famille. Il faut rapprocher de cette anecdote célèbre, un mot presque ignoré, et non moins significatif... C'est une épitaphe dans la cathédrale de Burgos. Un père y gravant la date de la mort de son fils, ajoute seulement les noms de villes et forteresses qui « cette même année » furent enlevées aux Maures... Comme si tout deuil s'effaçait aussitôt devant la gloire espagnole et chrétienne...

On le voit, la leçon fut entendue ici ; elle le fut non seulement des chevaliers, des soldats, de tous ceux qui l'appliquent dans le fer et le sang, mais aussi de la foule fidèle à Dieu et à la patrie, des artistes, des poètes, des saints « ces poètes de Dieu »... La nation entière comprit qu'il faut aller en tout jusqu'au bout de soi-même, qu'il faut réaliser l'achèvement humain.

(J. Laurent & Cie, Madrid.)

SAINT FRANÇOIS D'ASSISE

Statuette de Pedro de Mena. — Trésor de la cathédrale de Tolède.

TOLÈDE

ET LE MYSTICISME ESPAGNOL

TOLÈDE vous offre le site le mieux orienté vers l'infini qui soit peut-être au monde. Dans ce site, vous rencontrez la statuette de Pedro de Mena et l'œuvre du Greco ; c'en est assez pour vous donner la clef du mysticisme dans la vie et dans l'art de l'Espagne.

Tolède! C'est la ville tiare, et, comme au front des papes, ici la majesté joint la terre et le ciel. Des rayons et des flammes, des armes et des croix, du sang et de l'encens fleurissent le rocher que le Tage vient encercler d'un orfroi d'argent et d'or, mesuré par l'essor du pont d'Alcantara. Toute la ville tient sur ce rocher. Quelques constructions aux bords du beau fleuve ou bien sur des crêtes voisines, font figure seulement de joyaux rattachés au sommet, projetés par lui, soumis encore à son rythme... Et ce pont d'Alcantara, tendu si haut, enfermant tant d'espace, semble mesurer, non le seul fleuve franchi, mais le cours des destins, l'épuisement des jours et de la route pesant sur l'arc dressé comme un vouloir vivant !... C'est un vertige, une ivresse, une joie tremblante, triomphale aussi, de le franchir pour gagner une ville tout entière élevée à la loi de cette exaltation. Il semble qu'après ce pont, au bout de la route qu'il porte ainsi en l'air, sur le ronflement et le miroitement des eaux, plus une bassesse de vie ne pourra demeurer... Et l'histoire de ce site élu du monde viendra, sinon tenir l'impossible promesse, au moins en aviver le désir... Le rude porche militaire qui en garde l'accès enchâsse un bas-relief montrant la Vierge qui apporte un vêtement de gloire, une miraculeuse chasuble, à saint Ildefonse... Ne vous y trompez pas : voici le véritable « secret de Tolède », l'amour dont la ville, bijou formidable et splendide, brûle jusqu'au fond de l'âme. Cette première figuration du légendaire prodige doit retenir tout notre intérêt, car nous allons la retrouver partout, et jusqu'aux façades des maisons dont les portes gardent les clous fameux, bibelots favoris des touristes...

La cathédrale en devient le mémorial. Après celles de Milan et de Séville, c'est la plus grande des églises gothiques. On aime tout de suite en elle la certitude de jouir d'une des plus complètes expressions de la cathédrale espagnole. Celle-ci, comme bien d'autres, fut élevée en gage de triomphe, sur l'emplacement de la principale mosquée, laquelle avait opprimé une église primitive. Cette lutte pour la royauté du site forme un des éléments primordiaux de la vie des cathédrales d'Espagne, son « rythme historique », voudrait-on dire. Afin de le rappeler, presque toujours, dans leurs environs, une place porte le nom de « Plaza del Trionfo ». Très géométrique, à peine striée de contreforts pour se terminer par le couronnement, entre les clochetons, d'une courte flèche trois fois diadémée, la haute tour évoque un mouvement d'homme armé, casqué du heaume pointu. Elle dit l'accord passionné d'un peuple avec sa foi ; elle proclame la métropole religieuse de l'Espagne. C'est à quatre-vingt-dix mètres que cette tour porte la croix, au-dessus des cinq nefs, d'un double déambulatoire, de chapelles sans nombre, de salles capitulaires, de sacristies, de cloîtres, de trésors enfermant toutes les splendeurs qu'un peuple put choisir parmi les offrandes des siècles. La succession des styles vous raconte les ferveurs différentes et unanimes des générations chrétiennes. Le foisonnement de la beauté somptueuse s'anime d'un jeu infini d'images et de pensées. Les nombres ajoutent leurs enseignements mystiques à ceux des formes qu'ils ordonnent. Huit portes solennelles introduisent dans le temple. Une d'entre elles, héraldiquement gardée de lions, rappelle dès l'abord la part qu'eut dans ce chef-d'œuvre la colonie fameuse des artistes bruxellois à Tolède. Au-dessus de la porte centrale, des figures gigantesques fixent l'image de la Cène, première célébration du culte parfait, âme de l'église. Plus haut rayonne une de ces rosaces énormes qui mettent dans la cathédrale aux extrémités de ses nefs et de ses transepts, à tous les bouts de sa croix, des soleils diaprés fleuris de tout le ciel : son Roi, sa Reine, avec leur cour baignés de feu. Ce feu du soleil et de l'Esprit divin dans les vitraux fut admirablement compris par l'Espagnol qui les dit « a fuego ». Les nefs, dont la principale atteint à plus de trente mètres, abritent au centre le « chœur des chanoines », le « coro ». Nous savons goûter pareille ordonnance dans laquelle cette masse obscure et magnifique devient semblable à une châsse précieuse posée devant le maître-autel. Dans le « coro », les ornementations des stalles déroulent toujours de longues histoires de patriotisme et de piété; ce sont comme les archives du pays dont chaque ville reconnaissante dédie une part au Dieu de tous. Ici, elles représentent, grâce au ciseau de Berruguete et à celui de Vigarni, et avec une incroyable richesse de matière, la conquête de Grenade et la généalogie du Christ. Une « réja », grille monumentale d'or et d'argent, ferme la « capilla major », le chœur du maître-autel. Au retable de celui-ci des figures de grandeur naturelle racontent en cinq zones de hauts-reliefs colorés le rachat du Sauveur. Au sommet un calvaire dont la croix répète son geste dans le crucifix non moins beau de la grille et dans celui dont est marqué le drapeau pendu sous la voûte, le drapeau de la victoire chrétienne. Rien d'émouvant comme l'étoffe qui conserve par ses plis séculaires le geste même du triomphe. C'est pour que rien ne l'efface dans la vie souple du tissu que désormais la bannière demeure fixée si haut, parmi les subtils nuages de l'encens perpétuel. Avec elle l'heure inoubliable reste présente devant Dieu et plane au-dessus des fronts courbés. Le même rayonnement d'or ensoleille le retable, constelle la « custodia », l'énorme ostensoir espagnol qui en occupe le centre, descend jusque sur les tombes royales disposées à l'entour, rejaillit aux statues partout éparses. Parmi elles se trouve l'image du berger qui indiqua au roi Alphonse VIII le chemin par lequel il put surprendre les Maures pour la grande bataille, la grande délivrance : Las navas de Tolosa. Cet épanouissement du sanctuaire est délicieux comme celui d'une âme dans le bonheur. La mort même en est transformée. Elle s'y fait vivante encore, avec seulement une douceur de stabilité. Comme tous les morts, ici, semblent heureux ! Comme ils ont voulu nous rendre heureux, également, par la magnificence sainte et attendrie, parfois, de leurs monuments, composant, peut-on dire, un échelon intermédiaire entre les châsses des autels et les passants des nefs. Tantôt des anges les gardent; ailleurs, dans la chapelle du patron de l'Espagne, autour de sa gigantesque statue, ils sont portés par des chevaliers de Santiago, le manteau de l'ordre aux épaules. Chacune de ces chapelles forme une autre église. Le pourtour des chœurs et des nefs ne leur a pas suffi; il en est encore à côté du maître-autel, entre les piliers de l'abside. Sous la tour, voici celle que le cardinal Ximenez construisit pour donner place dans la primatiale espagnole à ce rite mozarabe qui consacre le souvenir de la fidélité chrétienne pendant l'occupation musulmane. On y célèbre une liturgie curieuse, d'exception, qui n'est plus guère conservée qu'ici mais qui fut le grand soutien national pendant l'épreuve. Cette liturgie mozarabe semble raffiner sur l'adoration, chercher éperdument de meilleures prières, de plus mystérieux rites. Et comme le grand cardinal voulut conserver ces témoignages mystiques, il voulut de même en rapprocher, par une fresque de Jean de Borgogna, le souvenir de cette prise d'Oran où il fut... presque en soldat. Toujours les deux ferveurs, celle de la prière et celle des armes. L'emplacement du maître-autel de l'ancienne cathédrale est marqué par un tabernacle d'albâtre. C'est là que saint Ildefonse, archevêque de Tolède, vit la Vierge descendre du ciel et lui apporter une chasuble merveilleuse, alors qu'il venait prier avant l'aurore. C'était le 18 décembre de l'année 666, en cette fête de la maternité virginale et divine que l'Espagne célèbre huit jours avant Noël. Derrière la grille entourant aujourd'hui l'endroit où s'était tenue Marie, une pierre nous apparaît, creusée d'usure. Les générations y cherchèrent de leurs lèvres la trace des pieds sacrés. C'est ici, nous l'avons dit déjà, le véritable secret de Tolède, le principe générateur de son mysticisme. Nous en avons signalé la représentation dès la porte du pont d'Alcantara, et sur tant de façades en traversant la ville; elle orne encore le trône du primat et inspira le fameux « transparente » adossé au maître-autel. L'œuvre de Narciso Tomé est connue pour son mauvais goût. Une fois de plus relevons, comme nous avons fait à Burgos, ce que peut avoir parfois de passionnant une œuvre qui manque à la beauté stricte! Celle qui est devant nos yeux s'accuse pleine d'emphase; le style baroque s'exaspère encore à sa ferveur. Mais aussi, quel joli contraste que cette descente de souples blancheurs lumineuses sous ces voûtes rudes, entre ces lourds piliers! Et comme les défauts de l'œuvre disent mieux encore l'exacerbation de l'enthousiasme tolédan au souvenir toujours extasié du grand miracle national! Cette gageure de plier la pierre ainsi qu'une draperie et de la rendre transparente à la lumière d'en haut autant que la nuée portant jadis la Reine du Ciel, montre bien des yeux toujours pleins de l'apparition.

On dirait que c'est en souvenir de la chasuble d'Ildefonse aujourd'hui à Oviedo (le grand refuge des trésors nationaux pendant les siècles d'épreuve) qu'une si prodigieuse collection d'ornements d'église vous est montrée dans la sacristie... Montrée est trop dire !... Car, même avec l'accueil gracieux que le haut clergé d'Espagne réserve aux pèlerins d'art comme de piété, on ne saurait vous faire tout voir... Vous passez dans les salles ornées de merveilles sans nom (dont le *Partage des vêtements du Christ* du Greco) entre des rangées de chasubles, de chapes, de dalmatiques à lasser la patience des sacristains. On vous présente quelques pièces choisies... Puis, voici le trésor où flamboie notamment l'ostensoir ciselé dans le premier or rapporté par Colomb et la couronne travaillée par Montoya pour la Vierge du Sacrario, dont la robe est ornée d'émeraudes pareilles à des soleils verts.

Et vous découvrez une statuette de bois, jugée sagement non moins précieuse : le saint François attribué jusqu'ici à Alonzo Cano, mais aujourd'hui restitué à Pedro de Mena. Depuis une cinquantaine d'années qu'on commença de la comprendre, ses reproductions ont envahi le monde. Pourtant, lorsque vous rencontrez enfin l'original vous êtes frappé comme si vous n'aviez rien vu! Elle est petite, à peine de la moitié d'une taille humaine; mais elle possède cet essor des œuvres parfaites qui supprime le volume de l'objet pour la grandeur de son geste. Ici, cet essor prend un sens particulier. Ce n'est plus seulement l'harmonie d'une attitude humaine : c'est la prière dressée, l'élan de l'extase. Un moine est debout, debout si souverainement et si humblement, que vous vous approchez, déjà vaincu, pour découvrir le secret de la merveille... La bure aux grands plis bruns lui tombe jusqu'aux pieds et fait une couronne de triomphante pauvreté à la face claire qu'entoure le capuchon rabattu. Le travail de cette bure est surprenant; il détaille la misère dans l'étoffe comme on étudierait la souffrance dans un visage. Elle apparaît usée, rapiécée, de tons différents. Et ces détails se noient dans un ton général de bronze pour seulement faire plus riches, plus nobles, les plis stricts et grands. Sur elle joue la corde à nœuds, ballante, lâche, fine liane de douleur... Les pieds apparaissent d'une maigreur tellement excessive qu'ils posent sur la terre comme un défi, une renonciation, l'attente d'une ascension promise et qu'appelle impérieusement la face dont la pâleur cireuse exclut toute ardeur de sang. La mort n'aura plus rien à purifier ici. Déjà, la chair épouse la vérité du crâne, lui inspirant l'harmonie d'une âme tendue à son paroxysme dans une forme réduite à l'essentiel. La maigreur sut modeler à nouveau tous les traits ; les pommettes saillent, les tempes sont creuses, les narines collent à l'arête du nez, la bouche est béante sur le dédain des dents brisées... L'éclair des yeux foudroie d'un feu tombé du ciel !... On sent que ces yeux sont irrévocablement fixés en haut et leur matière de cristal apparaît si bien prise dans le mouvement des traits qu'on ne s'y attache qu'à l'âme illuminée... Les mains demeurent croisées monastiquement dans les manches ; elles ne veulent plus rien étreindre de la terre et gardent seulement le cœur, le cœur qui aime en haut. Et au-dessus de leur abnégation signifiée dans la bure, voici que l'étoffe déchirée laisse voir le côté saignant d'une blessure en ressemblance sacrée avec le Crucifix. Voici l'énigme de la statuette, le mot de sa grandeur. La chair est traversée, le cœur est ouvert pour prendre en lui l'amour dévorant, l'amour pour lequel on renie tout, par lequel on possède tout. Et le moine, dressé, règne sur l'univers. Aucune statue, sans doute, ne fut jamais aussi grandiose que cette statuette ; aucune, en tout cas, ne le fut davantage. Ce n'est pas la seule pensée qui fait son triomphe ; celle-ci ne suffit pas à l'œuvre d'art. L'exécution sut si bien totaliser, annihiler, aussi, le réel, par le rendu en même temps que par le choix des détails, que tous vont à l'effet visé ; que tous s'ordonnent, se combinent pour ce maximum d'expression : nous dire l'univers et son dépassement dans l'homme ivre de Dieu.

Le moine espagnol nous présente une des grandes inspirations de l'art moderne, une de celles qui assurent à celui-ci la victoire sur l'art antique. Ce dernier haussa la taille et la beauté humaines jusqu'aux plus sublimes transfigurations ; il ne put diviniser ni la douleur ni la mort, ni, par conséquent, tout ce qui fait l'achèvement de la saignante majesté humaine. L'âme éclate ici en son deuil royal. C'est que l'homme n'est grand que par cette souffrance qui lui fait prendre en lui l'universelle angoisse pour en porter la plainte et l'ardeur au plus haut de son front, au plus près de son Dieu... La gloire du moine est là ; nulle part cette gloire n'apparut plus évidente qu'en Espagne. Tour à tour, les peintres et les sculpteurs, Zurbaran, Ribéra, Murillo, Greco, Velasquez même ; Berruguete, Cano, Pedro de Mena, Montañès, ont illustré le poème que Musset ramasse génialement en cinq vers :

Oui, c'est un vaste amour qu'au fond de vos calices,
Vous buviez à plein cœur, moines mystérieux ;
La tête du Sauveur errait sur vos cilices
Lorsque le doux sommeil avait fermé vos yeux.
Vous aimiez ardemment, oh ! vous étiez heureux !

Cette transfiguration de l'homme par le Mystère devint le thème intarissable de l'art espagnol. Il y trouva le paroxysme de la vie des âmes comme les martyrs lui offrirent celui de la vibration des chairs suppliciées. Ces deux apogées d'expression l'attirèrent également. Réaliste et idéaliste à la fois, il vise au dépassement : s'affirme excessif, héroïque, conforme, enfin, à tout le caractère national. C'est pourquoi, au lieu d'écouter les curieux récits racontant la vie des grands moines, des grandes moniales, nous regardons les chefs-d'œuvre qui font vivre sous nos yeux leurs physionomies surhumaines... A tout moment, on les rencontre ici. Dans les plus humbles églises, les musées de province, vous découvrez tout à coup un tableau, une statue, où vous parle l'ardeur du silence claustral.

Je me rappellerai toujours une de ces surprises à Cadix, la ville éclatante qui apparaît aux yeux mêmes de ses habitants comme une « tasse d'argent » posée sur les flots bleus. Tout vous y semble fait d'azur et de lumière. Fatigué de soleil, j'étais entré dans la cathédrale et regardais, amusé, les jeux de deux chats sur le tapis d'une chapelle. Tout à coup, mes regards distraits furent comme réveillés à ce choc obscur et puissant dont se dénonce le soupçon de la beauté. Une statue immobilisait ma flânerie... La résistance et l'élasticité du bois s'y disciplinaient à une plénitude merveilleuse d'expression. Assis dans les cassures larges de sa coule blanche, saint Bruno se courbait vers un crâne comme pour confronter l'abnégation de sa tête rasée à ce néant... Et à cause de cette leçon de mort dont la sérénité pacifie encore son noble visage, le moine, de la main droite, se frappe la poitrine en aveu. C'était le grand, le divin Montañès qui me montrait le fondateur des Chartreux. Son ordre, on le sait, réalisa un des grands retours humains vers la vérité par la mort. La cellule y prenait le vivant comme la tombe le cadavre, dans une même loi de confrontation à soi-même. Pâle et vêtu de blanc, le Chartreux apparut au monde comme venant d'ailleurs. Il fut aimé avec effroi, et pour le conquérir, les peuples rassemblèrent paradoxalement autour de sa cellule-tombe toutes les grâces de la beauté. Rappelez-vous les merveilles des chartreuses de Pavie ou de Miraflorès. Les fastueux ducs de Bourgogne adoptèrent l'ordre de saint Bruno qui devint populaire en Belgique comme en Espagne. Je devais retrouver les Chartreux au petit musée de Cadix, où, dans une série de toiles provenant de Jerez, Zurbaran vous présente une ineffable théorie de moines blancs... Ce sont les saints de l'ordre que des prodiges de légende mettent en rapports avec des emblèmes tellement lumineux et blancs, aussi, qu'on dirait la complicité des blancheurs du ciel avec celles de la terre. Les lis, les cygnes, les colombes, les esprits, les anges chantent ineffablement leur poème, à côté des grandes robes, blanches comme eux.

Nous commençons à comprendre la leçon de la blancheur, de cette lumière en repos régnant sur les noirs d'ombre... Si elle domine toutes les couleurs, si elle se confond avec la clarté, n'est-ce pas qu'elle commence cette clarté, qu'elle en forme la source comme l'achèvement?... Blanche est l'aube du jour comme le midi resplendissant. Blanche est la neige, candeur du froid, pâleur des sommets où la terre se pâme de ciel... Blanches surtout sont les premières fleurs du printemps et les lis, couronne de l'été... Un appétit de blancheur dévore l'âme en mal d'infini... Elle aspire à cette blancheur qui lui est, sans doute, un silence vibrant de la lumière, ce silence où des mots arrivent aux cœurs purs... Et pour entendre mieux, ils veulent la ténèbre, la ténèbre où l'éclair blanc brûle en montrant Dieu. Cet éblouissement vous pénètre jusqu'à l'âme; il n'est plus d'expressions possibles pour le rendre. Essayez seulement de regarder encore. Voici le moine blanc dans la cellule blanche, aspirant en silence à l'hostie blanche encore.

Il ne saurait être question pour nous de chercher dans ces notes purement artistiques le mystère des vies blanches, leur secret de « surhumanité », si on pouvait risquer le mot... Rappelons seulement ce point d'histoire : le grand courant du mysticisme chrétien qui nous envoya d'Orient les œuvres dites de l'Aréopagite et se développa en Irlande et dans la sphère des influences anglo-normandes, prépara son triomphe d'Espagne par un épanouissement magnifique en terre flamande. C'est là qu'il dota l'humanité de deux œuvres sans pareilles : les livres de Ruysbroeck et ceux de l'*Imitation*. Les constantes affinités qui apparentent la Belgique à l'Espagne n'apparaissent nulle part plus impérieuses que dans ce rapprochement de ses mystiques du XVe siècle avec ceux du grand siècle espagnol. Deux noms, ici, encore, résument l'École : ceux de Thérèse de Jésus et de Jean de la Croix, si illustres qu'on ose à peine les louer, crainte de mal redire ce que tous ont exposé déjà... Prodigieuse alliance de la plus claire sagesse avec la suprême exaltation, l'héroïsme d'âme le plus fou, leur mysticisme porte (et c'est tout dire) le cachet du caractère espagnol, aussi grand devant Dieu que devant les humains... Trois siècles de commentaires, de tableaux, de statues, vous feraient moins comprendre, sans doute, la sainte séraphique que le seul aspect de la ville qui la donna au ciel. Avila vous enveloppe dans une heure du XIIIe siècle castillan, demeurée vivante par miracle. Les murs d'autrefois entourent encore la cité et la cathédrale aux créneaux, aux mâchicoulis de forteresse, vient appuyer à eux son armure de guerre. Encore une fois, nous retrouvons la leçon d'héroïsme, la grande leçon d'Espagne. Elle devait former d'abord l'âme de Thérèse, l'âme exquise, puérile, joyeuse et si sage qui aima Dieu, semble-t-il, autant qu'il est possible d'aimer ici-bas.

Le mysticisme, l'attrait vers un au-delà du monde et de nous-même, n'eut pas toujours ces puretés. Parfois, au lieu de monter, il descendit, préférant au ciel l'abîme. Tolède fut aussi le centre de ce vertige du mal s'opposant à celui du bien, et qu'entretenaient force sorciers juifs ou maures. Les légendes nous parlent de conciles magiques tenus en grand mystère dans la métropole chrétienne. Le souvenir d'une importante communauté juive subsiste dans les synagogues antiques appelées aujourd'hui « Santa Maria la blanca » et « Sinagoga del Transito ». Le style mudéjare, arabe, y décèle une commune fraternité orientale. C'est comme un avant-goût de Cordoue et de Grenade, un charme d'étrangeté, celui d'un exotisme déjà pourtant conquis au sens chrétien. La première est surtout expressive; elle se montre à vous dans la nouveauté d'une restauration qui permet au moins d'apprécier le grand vaisseau à cinq nefs, ses arcs en fer à cheval relevés de délicates arabesques, ses piliers polygonaux aux bases diaprées d'azuléjos, aux chapiteaux ornés de pommes de pin. Tolède jadis redoutait un véritable antre magique dans la « Cueva de Hercules ». Le souvenir des colons phéniciens, des paganismes primitifs, y hantait l'imagination populaire. Ce n'est aujourd'hui qu'un morne souterrain, reste de quelque construction évidemment antique. Mais quand à l'aurore déjà des temps modernes, un archevêque, voulant dissiper les terreurs superstitieuses, ordonna une exploration officielle, les premiers fonctionnaires qui s'y hasardèrent revinrent en racontant d'étranges visions. On y a rattaché jusqu'au souvenir de la plus grande épreuve que connut l'Espagne. Le comte Julien, dit-on, s'enfonça dans l'antre magique ; il y trouva une inscription mystérieuse annonçant la fin du royaume, lui mettant d'avance sous les yeux le remords de sa trahison : « Les rois Rodrigue font les comtes Julien. »

Le bord du fleuve, en dehors de l'enceinte de la ville, nous conduit à une de ces zones fertiles de culture appelée « vega » en Espagne. Nous y atteignons bientôt un petit sanctuaire naguère champêtre où nous venons chercher le souvenir d'une scène que nous montra brodée une des plus magnifiques chapes de la cathédrale. C'est la basilique fondée au IVe siècle sur la tombe de la grande martyre tolédane, Léocadie. L'église actuelle porte le nom de « El Christo de la Vega ». Le site est délicieux, le monument énigmatique à ravir. Une svelte statue d'albâtre de la sainte, deux cours avec la mort et la résurrection des tombes et des cyprès; au maître-autel, un crucifix fameux dont une main apparaît détachée de la croix. La même particularité se retrouvait chez le fameux « Christ noir » de la collégiale de Louvain qui disparut dans l'incendie de la ville en 1914; elle avait inspiré une légende populaire. Il en a été de même ici où un grand poète l'a chantée. Une jeune fille avait pris le Christ lui-même à témoin des promesses de son fiancé. Abandonnée et déshonorée, la malheureuse se plaignit aux magistrats. Elle obtint que le parjure fût amené devant le crucifix et celui-ci, étendant la main, rendit témoignage à la délaissée. Le même charmant récit est rattaché à une statue de la cathédrale de Burgos, Notre-Dame de Oca, qui se trouve dans une des chapelles du bas-côté sud, le « relicario », tout encombré d'orfèvreries, de châsses, d'ex-voto. C'est une Madone représentée de grandeur naturelle, tenant un délicieux Enfant Divin, Son expression de maternelle tendresse est telle qu'on croit y retrouver encore le souvenir du doux prodige, la voir protéger à jamais de son sourire les fidèles amours chrétiennes. Remarquons à ce propos que le sentiment maternel est exprimé dans les madones de l'art espagnol avec une intensité heureuse dont les œuvres de Murillo et de Montañès ne sont que l'achèvement génial.

Après ces grâces du mysticisme espagnol, en voici de nouveau l'aspect tragique. Il nous est rappelé par une autre légende choisissant de même pour théâtre l'endroit où nous sommes. Un jour de fête que l'évêque Ildefonse priait au tombeau de sainte Léocadie, devant le roi Recesvinthus et sa cour, on vit avec épouvante la martyre sortir du sépulcre, s'avancer vers le saint et le féliciter au nom du Seigneur de son zèle pour la gloire de la Mère de Dieu. Saisissant un poignard à la ceinture du Roi, Ildefonse coupa un morceau du voile de l'apparue. On retrouve le nom de Recesvinthus dans les caractères pendus à une des couronnes votives de Guarrazar, aujourd'hui au musée de Cluny. La légende est une des plus familières à l'ancien art espagnol.

Le mysticisme qui pénètre cet art devient comme le rayonnement propre du paysage tolédan. Nous nous rappellerons toujours comment, un matin, à l'aube, nous avons franchi le pont d'Alcantara et sommes monté sur la hauteur qui porte le castillo de San Servando. Ses murs antiques semblent seulement continuer en défense la roche qu'ils couronnent de leur enceinte ronde. Sous vos pieds craque une poussière de ce granit qui servit à bâtir presque toute l'Espagne. A peine, çà et là, quelques plantes bleuies d'air et de lumière, engraissées de soleil contre la disette d'eau. Pas une douceur au chemin où le pied sent toujours cette roche avec sa résistance allant jusqu'au cœur de l'abîme. Pourtant nous y avons éprouvé un sentiment de joie enivrée que chacun eût goûté à notre place. L'air rafraîchi aux sierras, aux monts de Tolède dont les premiers contreforts nous portent, verse un enchantement d'éveil. Les nuages de formes nettes et larges opposent des blancheurs d'argent et de neige à l'azur plus vif. C'est un ciel du Greco, vertigineux et pur. En poussant jusqu'à l'Ermitage de la Virgen del Valle (où la ville vient au premier jour de mai fêter sa patronne), nous retrouvons le panorama de Tolède, sinon comme le peignit Greco, au moins avec l'émotion que nous donnent les vues qu'il nous en a laissées. Le soleil levé maintenant incendie la ville qui, transfigurée, devient elle-même un matin, un matin idéal, l'Orient éternel où les contemplatifs renouvellent sans fin en eux la jeunesse de la lumière. Ces contemplatifs ont eu ici un frère dans le peintre d'exception qui non seulement prit d'eux ses sujets, mais dont la méthode même de travail est un mysticisme, celui de la couleur et du dessin, de la vision entière.

Théotocopuli, le « petit enfant du bon Dieu », selon le charmant nom hellénique que fit oublier son surnom de « Greco », « le Grec », était un de ces Candiotes qu'attirait, nombreux, l'art de Venise. Il subit d'abord puissamment l'empreinte de celui-ci, lequel n'effaça point du reste, dans l'artiste, le vieux souci de grave ferveur byzantine. Il faut insister sur cette influence : Venise, c'est la Flandre, l'esprit de la peinture flamande : mystique, réaliste, coloriste, au bord des eaux, en Italie, comme en Belgique... Venise, c'est l'Orient et la Flandre réunis dans une rencontre de route. Or, voici que le Greco apporte cette double splendeur à l'ardent soleil d'Espagne, au roc élu de Tolède... Il en devait résulter l'art paroxyste qui étonne la postérité comme l'âme forcenée de l'artiste étonna ses contemporains... L'art du Greco traduit « une mystique » comme l'œuvre de sainte Thérèse... Les états surhumains de celle-ci, avec leurs noms également étranges : « la ligature », « la nuit du sens », « la contemplation aveuglante », s'expriment à tous les yeux dans la vision du Greco... Est-il étonnant qu'une élite seule puisse entendre un langage tellement exceptionnel? L'existence du peintre se fit de plus en plus farouche comme son art. Il saignait aux épines des rivalités, des méconnaissances. Bientôt, abnégation suprême, il renonce à la couleur (mais non au coloris !) comme un moine renoncerait au monde... L'oubli commence pour lui avec la mort ; il les a vus venir tous deux... C'est comme une vocation de chartreux préparant lui-même sa sépulture... Mais voici que la gloire vient de se lever pour ce grand méconnu. Dès l'arrivée à Tolède, les guides vous assaillent bien moins pour vous mener voir la cathédrale féerique que pour vous conduire à San Tomé et à la maison du Greco devenue un musée. San Tomé abrite dans une de ses chapelles l'œuvre capitale du maître : l'*Enterrement du comte d'Orgaz*. Une inscription vous raconte la légende vieille alors de deux siècles, dont s'inspira le peintre : aux funérailles du grand bienfaiteur d'un couvent d'Augustins, celui même dont voici l'église, on vit tout à coup apparaître saint Augustin et saint Etienne descendus des cieux pour confier eux-mêmes, de leurs mains glorieuses, le corps à la terre en témoignage que l'âme était avec eux au ciel. Légende admirable et si bien espagnole !... Comme elle montre ce christianisme intégral autant que le réalisme par lequel il s'exprime ! Ni l'un ni l'autre ne s'arrêtent à la vie et à la mort, mais ils franchissent l'abîme et contemplent la pourriture de la tombe sous le rayonnement du ciel ouvert. Une foule de gentilshommes forment cortège funèbre; leurs âmes, trempées d'un double stoïcisme héroïque et pieux, semblent à peine ébranlées par l'apparition des deux élus venant enterrer un des leurs. Multipliant l'ultime synthèse de la noblesse espagnole, les visages portent à l'extrême cet allongement que le Greco imposait à son dessin comme une loi d'ascension. L'artiste s'est expliqué à cet égard en mots frappants : « J'allonge les figures afin d'en faire des corps célestes, comme nous voyons les lumières qui, regardées de loin, nous apparaissent grandes pour si petites qu'elles soient. » Ainsi, le peintre déclare son vouloir d'employer les prestiges de transfiguration de la lumière et de la flamme. Ici, l'allongement est tel que les flammes des gros cierges semblent moins attirées en haut, moins immatérielles, que ces faces amaigries. Le défunt, dont l'apeurante lourdeur ploie au geste des porteurs miraculeux, est revêtu d'une armure d'acier noir damasquiné d'or, du plus tragique effet. Cette pompe militaire jusque dans la mort, jusque près de la décomposition verdissant déjà le visage, prononce le dernier mot de l'orgueil espagnol... Si tant de ce pur orgueil peut survivre à nous-mêmes, c'est à cause du ciel que la foi voit s'ouvrir. Il est là, le grand ciel d'où vinrent les deux saints, avec une vision abyssale de la Trinité, avec la Madone près de qui saint Pierre laisse pendre ses clefs comme pour insinuer le droit de Marie à introduire qui elle veut dans son royaume, le royaume où vient d'entrer l'âme du nouvel élu. Sa nudité de misère, contrastant de façon violente avec la parure splendide du cadavre, montre que rien ne reste en haut des pompes de la terre ; rien, sinon la charité pour qui descendent les élus, par qui montent les pauvres morts. Plus que jamais, dans la vision, Greco a voulu la dislocation des lignes, le renoncement à la forme; les seuls tons funèbres : noirs, gris, fauves, ors, disent son renoncement à la couleur. Entre les innombrables tableaux religieux de l'école espagnole, ceux du Greco s'astreignent ainsi à une peinture exclusivement éperdue, dévorant la substance de la vie pour se projeter au delà.

Le contagieux vertige d'un tel élan vous laisse au cœur une vibration délicieuse... C'est tout enivré de Tolède follement sublime qu'un appétit de lumière, un besoin d'espace finiront presque nécessairement par vous amener un soir radieux vers cette sorte de promontoire qui hausse sur un piédestal de roches luisant comme une maille, l'église et le cloître de Saint-Jean-des-Rois. Lorsque, après des ruelles en pentes, coupées de jardins arides et de ruines, vous découvrez cet ensemble souverain, vous ressentez tout d'abord le délice de rencontrer le monument que demandait pareil site, un site impérieux entre tous!... Ici, l'âme de la ville vient regarder en priant. Et, vraiment, c'est sa prière immémoriale, héroïque avec de secrètes exquisités, que cette église planant comme une châsse énorme en plein ciel; châsse animée d'ex-voto et des emblèmes de toute la vie sainte qu'elle immortalise.

Regardez bien les murailles qui montent sans presque de contreforts et de pinacles vers les corniches droites que le gothique espagnol accorde volontiers avec les toits presque en terrasses ; vous verrez que leurs larges pierres sont zébrées de fers d'esclaves. Ce sont les chaînes de captifs des Maures offertes là au Dieu qui les délivra par les « Rois », les rois catholiques, ministres de ses miséricordieuses justices.

Cette puissante émotion de misère rachetée trouve à l'intérieur son équivalence dans une non moindre impression de grandeur. Les murailles du chœur sont « occupées » par de grandes aigles uniformément hiératisées et tenant, chacune, un écusson royal. Répétant l'aigle de l'évangéliste, les oiseaux nombreux et pareils donnent l'impression d'un vol unique. C'est à la bataille de Toro contre les Portugais en 1476, qu'Isabelle la Catholique avait fait vœu à saint Jean d'une église devant aussi garder sa tombe. Quand l'inespérée défaite des Maures eut permis la construction de la cathédrale de Grenade, celle-ci obtint les sépultures royales et l'église de Tolède fut achevée seulement au XVIIe siècle. Nulle part mieux qu'ici on ne sent passer en soi le frisson des anciens héroïsmes. Il nous pénètre comme au frémissement de ces ailes de pierres, immobiles pour les yeux, mais dont la forme répétée, obsédante en sa majesté mystérieuse, implique l'ineffable palpitation d'une atmosphère de flammes. Cette atmosphère émane pour nous de l'ombre ardente enfermée entre les ailes énormes et d'où émergent les aigles et leurs écus royaux... Il faudrait tout un poème pour dire l'ombre des églises d'Espagne. Ombre qu'on dirait accumulée par l'âge des monuments, parfumée par l'encens, enflammée par les orfèvreries...

Au sortir de l'église un cloître vous reçoit... Le cloître résume tout le domaine humain dans un lambeau de terre rattachant le foyer à la tombe... Le cloître est le jardin que Dieu emparadise... En lui, le domaine étroit, mortellement étroit de toute existence humaine accuse sa petitesse et comme racheté par cet aveu de péché et de mort, se voit exaucé en promesses divines. Ces frêles galeries d'une promenade de convalescente, c'est le chemin des jours où l'on pense à la mort ; mais Dieu nous y rejoint, nous parlant de la vie, comme à la Madeleine dans le jardin du premier tombeau vide... Et jamais mieux qu'ici pareille consolation ne s'atteste unanime. L'architecture d'un gothique fleuri s'épanouit si bien qu'elle rejoint la ferveur du jardin enfermé en elle. Les branches, les frondaisons mouvantes, ne semblent pas plus légères que celles des pierres spiritualisées de joie pour le même soleil, le même printemps pascal. La pierre continue le jardin, en adopte la joie pour la conserver immortelle... On sort de ce jardin, tout vibrant de ferveur, tout prêt à mieux sentir la beauté du dehors... Beauté rude et splendide, embrasée, tolédane!

Il faut s'attarder sur le promontoire dévoré d'air et de soleil où il semble qu'un geste divin vous assure contre les hasards étalés du monde... On se sent ici dans un de ces paysages essentiels où la vie, tout à coup, se fait évidente; où vous comprenez le monde en vous, où vous vous comprenez dans l'univers... La saveur d'exister vous assoiffe en ivresse; tumultueusement, la vie s'engouffre en vous! Vous allez alors vous asseoir devant l'église. Le siège est dur, inquiétant; c'est la pierre et la poussière, la tombe et son secret. Le soleil descend; le Tage plisse et roule à lui une large route d'or semblant toucher à Dieu... Pourtant l'invisible barrière s'y marquera bientôt. Violette, la barre d'horizon s'interpose entre la terre et le ciel comme l'heure de mort entre nos jours et le jour sans déclin. Le destin se résume, tout d'âme en ce site tout d'or et de soleil... Chaque homme un jour se voit ainsi aux marches d'un palais, d'un temple, d'un abri triomphal ou sacré, regardant l'astre tomber, pesant le poids du soir...

Si petit et si grand, pensant le monde et Dieu, l'homme enfin se comprend et s'écrase d'aimer... Dieu voudra-t-il de nous, saurons-nous le vouloir? Le sens des flots vers lui s'écrira-t-il en nous? C'est l'épreuve des mystiques et leur enivrement. Chacun en rencontre un jour le vertige, aux hasards de la route humaine. En Espagne, l'art suffit à l'imposer aux plus indifférents.

(J. Laurent & Cie, Madrid.)

LE BAIN DE PADILLA DANS LES JARDINS DE L'ALCAZAR, A SÉVILLE.

GRENADE

ET LE SENS DE LA VIE

L'ACROPOLE de joie ! Elle monte, en défi au malheur, avec la défense d'une couronne de murs et de tours, roses comme de toutes les aurores et de tous les couchants versés par les siècles. Sur elle, on devine des palais parmi des fleurs, un paradis humain. La roche semble saturée autant que la muraille des pourpres du soleil. Un lieu d'extase fut soustrait à la vie commune et affermi là-haut, sur la montagne enchantée.

Autour du domaine merveilleux, les migrations des hommes ont déferlé en flots frémissants de désir ou de regret. Le bonheur montrait le but ici. Après les plus fiers sommets et les plus douces plaines, parmi les derniers escarpements du grand massif espagnol, ceux qui regardent la mer d'azur et reçoivent le vent d'Afrique, voici, entre la Sierra de la neige et la « Vega », les champs sans pareils, une roche qui les commande toutes deux, s'emplissant de leur douceur contraire. Des œuvres humaines s'y dressent, belles et uniques comme l'unique et radieux sommet. A travers les temps, les races les plus variées y ont voulu traduire un identique enchantement. De l'âme, ici, s'entasse en effort d'infini. C'est le don du voyage. Longuement préparé par la Perse, l'Asie Mineure, l'Égypte, ayant réalisé là-bas des œuvres plus complètes et plus pures, l'art arabe vient donner à l'Alhambra une dernière fleur, qui, d'être contemplée au milieu de suprêmes contrastes et de suprêmes accords, devient la seule définitive. A côté des palais orientaux inlassablement médités pour le site souverain, il y a les bastions guerriers, les cachots, les prisons de justice, un palais impérial, un couvent de Franciscains, une église ingénue, avec son champ des martyrs dominé de la croix. Tout s'est magnifiquement accumulé sur la roche, comme ravi par une main cupide et enivrée. Tous les moments aussi de la terre sont rassemblés sur le mont dans l'enceinte heureuse. L'hiver est là sur la Sierra voisine, vous envoyant son haleine vivifiante et parfois effeuillant les fleurs qu'il compose avec le froid et l'eau. La Vega fait resplendir au bas son printemps éternel. Dans un pli de ravin les ruisseaux glacés arrosent un pan de forêt du Nord.

L'Alhambra ! La vie y éclate comme un cri sous le ciel : refus exaspéré par de si longs combats, sécurité du roc, défi de sa hauteur, floraison de sa cime, extase d'être heureux face à tous les hasards !

La vision plane au-dessus d'une ville pittoresque et magnifique que vous oubliez pour conquérir bien vite la « ville rouge », celle qui semble bâtie d'aurore, sur le mont radieux. Dès lors, les sites et les aspects de pensée vont se succéder et se réunir pour vous offrir en un seul lieu le rêve de toute la terre et de tous les âges. Ne les évoquons qu'en un cortège de mirages composant le tableau unique. La porte des Grenades, toute chrétienne et occidentale, présente avec une majesté lourde de héraut les armes de Charles-Quint. Elle donne accès au vallon de l'Assabica, qui divise la montagne comme la fente divise un fruit. Les mêmes armoiries de l'empire chrétien se retrouvent un peu plus haut à la somptueuse fontaine, déjà sous la futaie qui emplit le ravin avec le mystère des forêts du Nord s'opposant au ciel espagnol. Sous les grands ormes, un tapis renouvelé de fleurs printanières écloses avant l'épaississement des feuilles; un réseau de ruisselets cristallins enlaçant les pentes; le chœur incomparable de rossignols sans nombre répondant au chant des eaux.

Enfin l'enceinte du sommet avec sa vingtaine de tours aux noms pittoresques, amusants ou farouches: des Têtes, de la Sorcière, du Grand Capitaine, des Sept Étages, des Poules. En avant, en éperon, à la terrasse plus haute encore de la forteresse, la tour de la Vela. Et vous voici dans la ville royale pareille à un joyau;

où l'or, le marbre, le stuc composent une matière nouvelle, précieuse et légère à ravir ; où les plafonds et les murs paraissent ciselés et émaillés ; où la végétation et les eaux s'asservissent à un même dessein de splendeur. La porte Judiciaire, rude sentinelle en armes, s'oppose à la noble « porte de la Loi », garde somptueuse de palais. La cour des Myrtes enserre dans leurs guirlandes un large miroir d'eau. La salle des Ambassadeurs domine les merveilles d'ici avec son arc d'entrée triomphal devant lequel les poètes arabes chantaient la défaite du ciel étoilé. Ses balcons encadrent trois aspects différents, découpés dans le plus beau site du monde. La cour des Lions, dont vous rêviez enfant, dont vous vous souviendrez au dernier jour, accumule les prestiges. Sa vasque fait penser à la « Mer d'airain » du temple de Salomon. Les bêtes primitives qui la portent confondent le souvenir de nos jouets avec celui des animaux fantastiques qui hantent le palais d'après légendaires et poètes. Les colonnettes se multiplient et, aux kiosques, se rapprochent en quinconces. Leurs chapiteaux retiennent des corbeilles aux nœuds légers d'un ruban. Le marbre en apparaît translucide, doré de soleil, comme pour rappeler qu'autrefois elles furent couvertes d'or pur. Cette sveltesse lumineuse et lisse vous rappelle la force allègre qui semble émaner au printemps des troncs vivants gonflés par les jeunes sèves.

Voici bien, dans ce plus beau des sites, le plus enchanteur des palais. Essayons d'en préciser le charme. Il est intime, familièrement splendide. Il ne se guinde pas comme nos Louvre, nos Versailles, au faste des grandes salles et des galeries. Son génie féerique s'est employé à faire de chaque coin d'ombre un délice, de chaque pouce de muraille, une œuvre de beauté ; c'est l'azulejos, la plaque de faïence mettant la fraîcheur de l'éclat, à la place des rudesses de la pierre. C'est le stuc soumettant au plaisir des yeux l'infini géométrique, les jeux innombrables de la ligne et du contour... Un mur, même sous les plus clairs revêtements, les plus douces tentures, n'en demeure pas moins la paroi, signifiant clôture et limite, un peu la prison, toujours !... Alors, le mur et la voûte arabes se creusent en alvéoles multiples, se diversifient sans fin, enchérissant sur les combinaisons réunies de la ruche, des cristaux, des stalactites, des corolles qui pendent... De la sorte la clôture n'est plus prison mais réduction de toutes les formes de la matière dans l'espace, et, par là même, délicieuse illusion d'espace, d'espace approché de la main, asservi au regard, charmant le long repos qui rêve à son abri... Et cette demeure, où la paroi de limitation ne se veut ainsi qu'illusion d'espace, rejoint sans cesse celui du plein-air. Les cours et les jardins environnent les salles d'ombre où luit seulement le soleil de l'or et des couleurs. Les fontaines jaillissent également sous les plafonds travaillés ou sous le ciel superbe et les ruisseaux qu'elles prolongent entourent les dallages jadis couverts de tapis précieux, comme les parterres jadis émaillés de fleurs.

Le jardin, c'est encore le privilège du palais, sa sécurité, sa retraite, accordées avec l'air, la clarté, l'effusion des arbres et des plantes... Vous y trouvez un palais, vivant de toute l'universelle vie réservée en lui à vous seul, soumise à vous seul! La terre et la lumière y règlent au gré du maître jusqu'aux trésors des saisons. Au dehors, la campagne est aride, l'eau rare, la roche impérieuse, l'atmosphère embrasée. Y cheminer n'est pas la promenade aux verts sentiers du Nord, mais l'épreuve de la distance dans la fatigue... Alors, seul dans ce climat, le jardin dispense de la beauté, de la vie fraîche, en fleur. Étonnez-vous que chacun y veuille au moins une miniature de jardin dans ce patio qui forme le cœur épanoui de la maison espagnole.

... Étonnez-vous que les rois catholiques aient conservé ceux dont ils avaient chassé les Maures et leurs démons.

Les jardins d'Espagne constituent une des plus grandes douceurs humaines... Ce n'est pas l'emmêlement vert des feuillées de chez nous, dont le mystère rêve et frémit tout près dans le ravin. Au Midi, chaque arbre, chaque plante, peut-on dire, dessine séparément sa forme. Toutes ces formes sont belles, strictes, circonscrites de lumière, baignées d'air bleu ; toutes développent l'individualité de la fleur qu'elles sont faites pour porter, car arbres et plantes de ce climat semblent surtout des porte-fleurs. L'étendue apparaît donc mesurée, comblée par leur féerie. Le jardin, c'est la fleur vous enchantant un monde. L'espace qui peut contenir toutes les laideurs, toutes les épouvantes, n'y appartient plus qu'à cette forme de vie excluant ce qui n'est pas la seule beauté. Dans la fleur, les couleurs sont pures, comme dans l'arc-en-ciel, et nombreuses comme dans la somme des apparences. En elle, les formes immobilisent toutes les caresses. Elle garde les seuls encensoirs que ne doivent allumer ni les hommes ni les anges. La merveille unique du parfum lui appartient. Comme elle semble abstraire la beauté du monde, elle vous en verse aussi la saveur directement à l'âme. L'oranger, la rose et l'œillet semblent ici chez eux. Les parterres de l'Alhambra sont négligés ; mais les quelques fleurs qu'ils gardent en prennent une joie doublée de regrets.

Il faut une nuit aux jardins d'Espagne. L'Alhambra est tout désigné pour cela. Des illuminations et des danses y sont offertes aux touristes selon un tarif arrêté. En revanche, c'est avec plus de peine qu'on admet, chez un voyageur, le désir d'y passer quelques heures tout seul. J'ai choisi le moment du plus beau clair de lune; sans doute les illuminations d'une fête n'y eussent pas été sans charme; mais il eût fallu aussi alors les foules de jadis, la cour des souverains arabes ou celle de Charles-Quint. La meilleure façon de retrouver les splendeurs anciennes ou, mieux encore, l'infinie puissance d'animation de la solitude, c'est de ne vouloir rien entre la nuit et soi... Renouveau des palais dans l'onde de la nuit! Blancheur du clair de lune ajoutée comme un fard! De neige et de velours semble tout ce domaine où mon âme élargie voudrait tout caresser. Sur le bleu noir du ciel, entre les ombres bleutées, je ne distingue plus les diverses matières. Une seule substance, lumineuse et se confondant avec la lumière, emplit la nuit de son rayonnement nouveau. La pulvérulence des stucs absorbe le lait lumineux qui glisse sur les marbres, traverse les albâtres, coule au long des colonnettes se renvoyant des reflets entre mes doigts séduits. La joie des constructeurs de la merveille m'envahit comme lorsqu'ils en regardaient luire d'abord le dessin pur dans leur cerveau fécond. Les jardins, eux aussi, se sont essentialisés. Tous les feuillages sont de nuit bleue, avec des luisants de nacre. Les rares corolles sont de la clarté rayonnante. Le ciel s'est confondu avec les feuilles, les astres avec les fleurs qui les étoilent. La vie est infinie dans l'infinie douceur nocturne. Les heures ont cessé; l'espace se crispe en l'abri de paix. Seul sous le ciel, je suis tout et la vie vient chanter pour moi seul dans mon cœur. C'est le chant des bassins, des ruisseaux qu'ils échangent. La lune, sous l'eau, polit un marbre blanc où ruisselle l'onde qui chante et luit, l'onde qui chante en moi. C'est mon sang, c'est ma vie qui si doucement chante et je ne pense plus que l'eau fuit à jamais, tant la lune l'argente et le jardin l'enchante.

Si les jardins de l'Alhambra existent encore à peine comme culture, le Généralife conserve l'enivrant accord des eaux et des sèves sous le soleil. Depuis la violette jusqu'au cyprès géant, l'arbre éternel comme la tombe dont il semble distiller la ténèbre en son feuillage, toute la douceur végétale vous y accueille.

Pourtant ce sont les jardins de l'Alcazar de Séville qui ont le mieux conservé, semble-t-il, leur charme de jadis. On y doit s'efforcer toutefois à oublier la ville proche et la banale existence modernes, pour ne plus admettre que les parterres, les orangers, les palmiers dominés par la fière Giralda. Les oranges tombées flottent sur l'eau de vasques en faïence bleue. La nappe d'irrigation, avec son bruit de soie, glisse sous les tapis de violettes divisés par les arabesques des buis taillés. Les gerbes roses des pêchers en fleur imitent par leurs fusées d'aurore l'essor des jets d'eau. Des rosiers se haussent à la taille des arbres ; l'un d'eux écrase d'une cascade d'or le pavillon de Charles-Quint où murmurent encore les fontaines.

A l'entrée des jardins de l'Alcazar, sous les terrasses, s'ouvre une sorte de cloître souterrain, éclairé pourtant d'un côté. La voûte s'en prolonge au loin, faisant descendre le long enchaînement des ogives jusque près de terre et abritant d'une sorte de dais le mirage de l'eau. Elle semble dormir là dans un long bassin de pierre pareil à un lit sous des courtines d'ombre : c'est le « bain de Padilla ». Les anecdotes foisonnent pour raconter la favorite, son pouvoir d'avilissement sur le roi et sa cour. C'est, seulement exacerbée par la violence espagnole, l'éternelle leçon de toute déchéance. Padilla appartenait au démon ; on la regardait comme la reine des sorcières. Les dernières magiciennes de l'Albeicin se vantent d'avoir conservé ses recettes magiques. Elle avait fasciné les yeux du roi en sorte qu'il croyait voir un serpent servant de collier à la reine. Mais c'est Padilla elle-même qui avait le rampement, l'emprise glacée et la fascination du reptile. Ne l'imaginez-vous pas ainsi glissant dans cette eau souterraine que les courtisans buvaient en hommage honteux ? Voici le charme mauvais de l'eau. Son miroir ne vous réfléchit plus dans du ciel, il vous dissipe dans une nuit infernale. Le roi Pierre se fit appeler « le Cruel » ; le mal ferme les âmes, comme le bien les épanouit. Par ce même souterrain, on vous mène dans un étroit couloir dont un coude enserre l'horrible logette d'un prisonnier. C'est le crime du jardin royal, comme le bain de la sorcière en dénonce le vice.

Pourrait-on ajouter que la danse surtout y incarnait le plaisir ? Ce ne serait qu'incomplètement exact. Celle-ci demeure en Espagne une haute fonction humaine, l'idéalisation du geste. Elle ne se fait séduction et piège qu'exceptionnellement. Devant le loisir souverain, la danse apparaît avant tout comme une joie parallèle. Elle devient, pour les membres, ce que le loisir est pour la pensée. Comme celle-ci s'étire et se déploie, se joue librement dans le loisir, le corps, dans le jeu de la danse, apaise et tout à la fois ranime sa force. Bien peu de peuples d'Europe en ont conservé l'usage familier ; aucun, semble-t-il, ne lui a voulu le caractère d'unanimité qu'il prend en Espagne. Ici l'élite ne dédaigne pas ce qui fait la joie et l'orgueil du peuple, ce qui l'exalte par le sentiment de sa propre beauté épanouie dans le rythme. La nation comprend si bien que cette danse constitue, pourrait-on dire, une transfiguration quotidienne et perpétuelle d'elle-même, qu'elle ose l'apporter dans le temple comme la fleur de sa jeunesse et de sa joie. Rappelons cet usage d'une notoriété universelle : l'exécution d'une sorte de menuet en pleine cathédrale de Séville par un groupe d'enfants de chœur : « los seises », aux deux grandes fêtes de la piété nationale : celle du « Corpus Domini » (la Fête-Dieu) et celle de l'Immaculée.

Ce sont de beaux moments espagnols. Au milieu d'une foule ingénue et fervente, devant l'autel illuminé, paraissent des figures enfantinement pompeuses, seize jeunes garçons vêtus à une mode de cour ancienne avec la fraise, le manteau, et gardant le chapeau de parade sur la tête. Ils dansent aux sons de violons et s'accompagnent de castagnettes. On dirait un ballet d'anges déguisés en pages de la Madone. Il ne faut pas voir là un usage exceptionnel. Des danses religieuses se retrouvent presque dans tout le pays, par exemple aux processions de nombreux villages où l'on remarque des danseurs devant les principales images saintes et jusque devant le dais du « Santissimo », le très saint Sacrement. En Espagne, le goût de la danse est inné. L'acquis du passé y vient sans cesse compléter ce que l'on pourrait appeler l'inspiration individuelle. Du coup, elle constitue un art véritable, l'art du rythme traduit par les deux puissances magnifiques de la forme et du mouvement. Le rythme qui est l'âme de notre chant, de notre parole, de toute expression vivante, atteint dans la plus noble des formes, le corps humain, dans le mouvement le plus expressif, celui de cette forme, une plénitude de beauté. Obtenez la rare bonne fortune d'assister dans un salon de Séville, aux danses de « doncellas », de demoiselles bien nées, et vous comprendrez que la grâce humaine ne saurait aller plus loin.

Ce sont évidemment les Maures et leurs palais conquis par les vainqueurs qui ont surtout appris à l'Espagne le sens de la danse avec celui du loisir, de la rêverie dans l'abri délicieux. Nous retrouvons encore aujourd'hui ces dons dangereux de l'Orient. C'est le charme qui ramène sans cesse le voyageur au plus haut sommet de l'Alhambra, à la tour de la Vela. Ses yeux ne se lassent pas de détailler chaque trait du panorama sans pareil ; surtout ils se reposent avec un plus profond bonheur sur la Vega de Grenade, la plaine de culture, son vert délicieux, réponse de la terre au bleu du ciel. Moiré par les eaux, doré par les sables roux, la prairie prodigieuse s'élargit comme une coupe d'émeraude enflammée de soleil. Des jardins qui la rapprochent de la ville ont été appelés « Huertas del Christo », « Jardins du Christ », pour en exprimer l'ineffable douceur. C'est donc la plaine qui achève la splendeur du site unique en permettant à vos yeux de mesurer mieux la hauteur d'où ils planent, d'arriver sans heurt jusqu'aux sierras en couronne de l'horizon.

Partout la plaine réalise l'extase de la terre, son prosternement sous le ciel. Seule, elle ne dérobe rien aux regards, laisse à ceux-ci la volupté d'un empire souverain. Goûter l'entière mesure humaine de la vue est un délice élargissant l'âme par l'analogie de l'espace déployé... C'est sans doute ce qui doua l'âme belge de sa rêveuse joie devant une mer nacrée. Ce sont les plaines d'Espagne qui magnifient l'empire de Tolède, de Grenade, qui épanouissent la fervente joie de Séville, qui si souvent en Espagne complètent de grâce le don altier des sommets! La vie verte de la plaine grenadine descend des montagnes à un signal donné d'ici. En effet, dans une armature de fer fixé au parapet de la tour, se dresse devant vous la cloche fameuse réglant depuis les Arabes l'ordre de l'irrigation, le don de l'eau fécondant la terre. La magnificence de ce geste est célébrée par une tradition expressive. Dans la nuit de l'an nouveau, les jeunes gens viennent sur la tour essayer de faire résonner la cloche antique afin d'obtenir dans l'année ce mariage heureux qui prolongera le cours des générations humaines. Seule la perfection de tels sites accepte pleinement les grands loisirs. Presque jamais la vie ne se laisse vivre. L'action ne permet que bien rarement à notre âme d'apprécier la saveur des fruits de sang et de soleil que la vie écrase en notre cœur. Contempler ce cœur et toutes choses en lui; s'engourdir au chant des souvenirs et des désirs; les voir allégés par le rêve et réalisés par lui, c'est une joie sans fin vous livrant l'univers. Mais c'était aussi une épreuve, le loisir souverain que l'Orient apportait à notre Occident actif où il était dédaigné de la noblesse belliqueuse, autant qu'interdit aux travailleurs. Dans un Alhambra, tout conspire à en exalter le pouvoir et son sortilège énervant y préparait la déchéance des Maures.

Pourtant la grande vision comporte une leçon différente. Tandis que les Arabes déchus s'en allaient avec des larmes inutiles dont une roche, là-bas, au loin, garde la mémoire, les Espagnols vainqueurs arboraient ici même la croix et les drapeaux de la patrie reconquise par sept siècles d'efforts. Il faut donc avoir triomphé dans la plaine et dans la bataille contre toutes les forces ennemies, pour posséder pleinement le don des sommets. L'âme espagnole, nous le constatons partout, exige l'héroïsme. Or, l'héroïsme, c'est le refus de la peur et, par là même, le vouloir d'aller toujours jusqu'aux possibilités ultimes. Toute peur, tout refus d'épreuve, entraîne une diminution. La vanité que les délicats, les voluptueux de toute espèce, mettent à choisir dans l'existence seulement ce qu'ils estiment le plus savoureux, ne saurait faire oublier comment, par là même, ils se limitent, restreignent leur faculté de comprendre, d'agir, de jouir... La vie totale n'est qu'au héros.

Le peuple espagnol, avant tout peuple héroïque, sera donc aussi et nécessairement peuple d'existence totale. Rapprochez maintenant de son triomphe achevé à Grenade la révélation aux « Rois catholiques », par Colomb, d'un monde nouveau et d'un pouvoir nouveau de l'or qu'il en devait rapporter en quantités inconnues jusqu'à lui.

Tout ce mystère de la richesse moderne nous apparaît signifié ici par « le vase de l'Alhambra », le vase illustre que les Espagnols vainqueurs trouvèrent, dit-on, empli de poudre d'or. On sait que le pareil fut détruit dans un hasard malheureux et que celui-ci eut une anse brisée à un de ces moments où les hommes ne comprennent plus leurs trésors. Quelle merveille pourtant ! Sur ses luisantes diaprures errent les reflets irisés qui sont la marque du travail arabe et qui donnent aux faïences des aspects de métaux confondant et fixant les tons de la mer dorée et du ciel ensoleillé. Dans les dessins s'enlacent les plantes et les bêtes des magiciens, les figures où ils enferment les formules secrètes, les lettres belles comme des fleurs en guirlandes. Sa forme s'élève et s'élargit comme un énorme fruit dressé; le col est un calice auquel les anses plates ajoutent un envol d'ailes. Il était digne de contenir l'eau délicieuse de la roche de bonheur ou la poudre d'or, symbole de toute abondance. Haussant la grâce des vases légers presque jusqu'à une majesté monumentale, il donne bien l'idée d'une insurpassable opulence. Vide, il est devenu une splendide énigme gardant le mystère même du lieu, symbolisant la nuit magique de l'Alhambra.

Qui dira maintenant l'hymne nouveau de l'or, un hymne plus sublime que celui de Pindare, puisque le grand lyrique chantait le prix d'un jeu et que voici le prix d'un monde?... Roulant dans quelques fleuves élus, caché dans les roches comme le feu que la blessure d'un choc en fait jaillir, inattendu, lumineux, lourd et souple, l'or apparaît comme le sang, l'âme des choses, l'ardente charité du métal... Voici que du soleil vient peser en vos mains, du feu s'y fait solide et, comme de l'argile, prend forme sous vos doigts. Anneau qui lie, poignée d'épée, sceptre, éperon, étoffe, diadème et parures des sacres, couronne d'empereur, tiare de pape-roi, croix des autels, calice du salut, l'or mêle un infini aux choses périssables. Il est royal, sacré. Voici qu'il va couler sur l'Espagne à longs flots; le sens de la vie s'en affirme dans la conquête même du monde... C'est une réalisation suprême. Qui ne s'est senti brûlé par la fièvre des « conquérants »?

Conquérir le monde, se conquérir soi-même, est-ce bien tout? N'est-il pas un geste de domination plus impérieux encore? Si; se redresser est mieux. La vie réagit sur nous, et, bien souvent, au lieu que nous lui imposions notre vouloir, elle nous déforme aux pires des siens. C'est la plus complète des victoires que de lui arracher une âme déjà asservie, parfois depuis bien longtemps; et c'est la raison pour laquelle sans doute l'Espagne s'est tellement éprise de la conversion. Les premiers tragiques grecs ignorent à peu près complètement le revirement moral qui n'apparaît guère chez eux avant le *Philoctète* de Sophocle. Il est au contraire le grand ressort du théâtre espagnol, et cela sous la forme la plus complète : la conversion religieuse qui transforme entièrement l'âme, qui la fait passer de l'ombre à la lumière. Don Juan n'y est pas, comme il devint chez nous, un orgueilleux n'adorant que lui seul, un voluptueux que rien ne peut satisfaire, mais seulement un obstiné retardant de se reprendre au bord de l'abîme et finissant par y tomber. Avec raison le théâtre espagnol ne voit rien de plus poignant que ce geste par lequel chacun peut, jusqu'à la dernière seconde de la vie, changer son destin, se créer un bonheur ou un supplice définitifs. C'est l'apogée de l'action, l'apothéose de la volonté. Ne s'évoque-t-elle pas tout spécialement sur ce sommet d'où le monde vous apparaît dans une de ces transfigurations qui renouvellent l'intelligence de la vie? Aussi, comme il est bien devenu le saint de Grenade, ce Portugais Juan de Robles, surnommé ici « Jean de Dieu », dont Mithouard a longuement raconté la conversion fougueuse! Un grand ascète, Jean d'Avila, prêchait à la foule dans un ermitage voisin des Tours Vermeilles. Tout à coup un cri, comme pour une blessure. Frappé à l'âme, un homme d'aspect rude défaille et délire entre une mort et une résurrection. C'était un vagabond, peut-être un scélérat; au moins, un de ces aventuriers qui ont composé en Espagne le type de la vie picaresque. Avec une violence de bataille, à travers les huées, les rires, les coups, il se rue vers l'appel du bien. Et pour s'y affermir, il se voue à soulager la souffrance des malades qu'il soigne, des affamés qu'il nourrit avec des aumônes d'abord ramassées pour eux. Surtout, il veut le changement des pécheresses, qu'il exhorte et qu'au premier repentir il conduit par troupes vers les cloîtres. Parfois, de la conversion il n'avait obtenu que l'apparence, et la plupart des pénitentes s'étaient enfuies avant d'arriver au couvent. Mais devenant alors très sage, très « pratique », le saint répondait aux railleurs qu'il était bien récompensé encore de sa peine si, pour une seule âme, il avait décidé le geste d'ultime volonté.

A Grenade plus qu'ailleurs, sur toutes les collines que vous dominez de la tour de la Vela, vous voyez une plante étrange pour les yeux du Nord, faite, dirait-on, de métal, pareille à un bouquet d'énormes glaives et comme damasquinée d'azur : l'agave. Sa floraison se retarde pendant de longues années. Puis, le moment venu, en quelques jours, en quelques heures, une longue tige surgit, portant au ciel les fleurs qui éclatent pour la vie et la mort. La plante armée, patiente, tenace et s'achevant au jour qu'il faut, ne ressemble-t-elle pas à l'âme de l'Espagne, belliqueuse, brûlée de toutes les soifs, longuement exercée et se réalisant tout à coup d'un bond vertigineux ?

(J. Laurent & Cie, Madrid.)

GROUPE D'ANGES DE LA DÉCORATION DE LA CHAPELLE
DE SAN ANTONIO DE LA FLORIDA
Peinture de Goya (fragment).

L'ESCORIAL

ET LE SENS DE LA MORT

MADRID, que vous quittez, vous suit dans la vision d'une ville épanouie au soleil, avec le palais royal la dominant comme une haute couronne claire. La campagne inculte est un peu ondulée. Des blocs de roches, d'un granit blanc tacheté de noir, s'encadrent dans l'émail vert du printemps ; un printemps délicat, presque de chez nous, avec ses pâquerettes, ses boutons d'or, qu'arrosent les ruisselets en cascades. Mais bientôt aux blocs plus grands, plus nombreux, on devine l'approche de la Guadarrama dont les premiers escarpements occupent l'horizon. Cette pauvre douceur vivante parmi l'envahissement de la pierre prépare une impression forte et calme à la fois ; vous attendez un site idéal de méditation en accord avec la tristesse de la pensée humaine. Tout à coup cette méditation se dresse devant vous, matérialisée dans une architecture géante chargeant la terre comme d'un poids d'infini. Dès l'abord vous sentez que l'apparition n'est pas divine, bien que Dieu, sans doute, se cache en elle. Ce n'est pas une église que vous avez devant les yeux, une église céleste, toujours, par ses flèches, sa parure de fête, son ordonnance en croix. Au-dessus d'une ceinture d'arbres bas, s'élève, avec des tours aux coins, le carré des demeures humaines, un palais grandi jusqu'au prodige, tout en conservant cet ordre horizontal qui est la marque de notre repos sur terre, et qui présage le jour où nous nous y coucherons pour ne plus nous relever qu'ailleurs. Un grand tombeau, vraiment, se mesurant à la pensée de la mort et se soumettant, comme elle, tout ce que les yeux peuvent voir du monde. Pourtant ce tombeau reste une maison de vivant et que spiritualise un temple enclos en elle, un temple assez énorme pour la surmonter d'une coupole au pinacle aigu. Tout ce rêve de pierre apparaît pareil aux montagnes d'alentour et construit du même granit dont vous avez remarqué dès l'abord les blocs parsemant la plaine, comme la méditation de la mort s'alimente de la substance entière des choses.

Voici le dernier des monuments où s'épuisa le deuil des mortels, et aussi, le plus étrangement audacieux.

Ce n'est plus une œuvre de résistance ou de résignation mais une œuvre de conformité. Jusqu'ici, l'homme avait strictement isolé la mort en sa victoire, comme pour limiter celle-ci, et en essayant de conserver soit l'apparence d'un corps, soit la mémoire d'un nom. Avec l'Escorial, le sépulcre se fait demeure, la nécropole se fait palais. Tout l'appétit d'exister, tout l'orgueil de régner s'y veulent dans l'ombre immense. La vie élevée à sa forme suprême vient confronter chacun de ses instants à la tombe et aux divers moments de sa pourriture. Ce n'est plus le recul devant l'abîme mais au contraire son vertige passionné. Pour cela, il fallait la foi d'ici. L'Espagne nous devait cet héroïsme ultime : l'intimité royale avec la mort. Le souverain dépasse la vie jusqu'à se pencher sur son au-delà, certain de la résurrection et du Dieu qui ressuscite.

Le premier aspect de l'édifice est déconcertant... Là-bas, retenaient les fleurs, les étoffes, toutes les douces choses qui ploient et qui enlacent. Ici tout est droit, tout est nu, tout pèse, tout écrase.

Trop de visiteurs n'emportent de l'Escorial qu'un désappointement. Ils attendaient un monument de mort fastueux comme les pyramides ou de luxe souverain comme Versailles; la notion complexe du « Monastère royal » leur échappe; ils ne peuvent admettre ce lieu de rendez-vous de l'âme avec la mort inlassablement méditée, infatigablement « vécue ». C'est parce que tout ici vous impose cette rencontre, parce que l'ensemble vous dit sa grandeur et, chaque détail, les conditions de cette grandeur, que vous vous sentez devant une œuvre plus admirable d'être plus généralement méconnue. Ceux qui ne comprennent pas vous rappellent comment le souverain qui en conçut le projet ne cessa d'imposer son vouloir aux artistes chargés de l'exécution et comment, par là même, ceux-ci ne purent donner ce qui était en eux. Mais ce n'est pas la science des architectes qui édifia l'Escorial; l'œuvre appartient toute à son fondateur, nous révélant en celui-ci une pensée qui, comme celle de son règne, échappe à beaucoup, et cela pour la même raison : parce que la mort l'absorbe en son ombre. L'empereur qui renouvela le rêve de Charlemagne, l'étendant jusqu'à suivre la route du soleil, au delà des « Colonnes d'Hercule », « toujours plus oultre », laisse à Philippe II l'héritage des « Rois Catholiques » agrandi d'un monde nouveau. Et dans ce monde nouveau se trouve une richesse nouvelle, l'or amassé en quantité telle qu'il devient le pouvoir inattendu, celui qui dirigera la civilisation moderne. Rassemblant de la sorte en ses mains les forces de jadis, la croix et l'épée, avec l'or, force de l'avenir, le roi d'Espagne rêve de tout donner à Dieu et d'en tout obtenir.

Pour cela rien ne doit compter et rien ne comptera, en effet, ni les autres, ni lui-même. Si nous disposions souverainement du fer ou de l'or, pourrions-nous supporter autour de nous encore aujourd'hui tant de navrantes détresses et de triomphes odieux? Les rois de jadis possédaient la force qui peut faire le bien en réprimant le mal. Et ce n'est pas seulement dans leur royaume qu'ils croyaient devoir faire justice par charité, et justice plus rigoureuse pour plus de miséricorde; en dehors de chez eux, ne devaient-ils pas réprimer d'autres fautes?... N'était-ce pas le devoir de chevalerie que leur dictait l'épée pesant à la ceinture? Cette épée, nous le savons, l'Église la donnait à la Croix avant de la remettre à celui qu'elle envoyait « redresser les torts », défendre la faiblesse contre la brutalité tyrannique. La mission des chevaliers était demeurée celle du roi qui n'ambitionnait que d'être le plus noble d'entre eux... Mais voici le fer grandi à la taille d'un monde et d'un monde doublé par miracle!... Quel devoir donc pour ce « chevalier » qui n'avait plus à « errer » mais dont la puissance s'égalait au globe posé dans sa main... C'est à l'Escorial que fut décidée l'Armada. Ainsi toujours, partout, s'imposait l'obligation de frapper. Et comme le désordre est illimité, le chevalier royal, s'il voulait pratiquer la charité suprême, celle de la force, devait vouloir aussi une justice suprême... C'est ainsi que l'on rencontre des devoirs inhumains dont l'accomplissement vous jette hors de la vie et dont le monde demeure à jamais horrifié! Les siècles se sont indignés à bon droit des supplices et du sang; ils n'ont pas songé quel mal sans bornes ces rigueurs tentèrent désespérément de guérir. On oublia si complètement le rêve du bien à établir dans un monde mauvais qu'on ne comprit plus l'âme qui en resta meurtrie à jamais. Elle s'était faussée à vouloir soulever le poids de l'injustice universelle.

Le défaut de la rigueur, comme son impuissance, n'est pas seulement dans les rois, mais dans l'humanité dont ils résument en eux les destins. Le mal est trop grand pour que la justice reste bienfaisante. C'est pourquoi aux regards de la pensée pure, cette justice ne doit être qu'une servante « du dehors » (ainsi que le dit une formule d'Église), nécessaire peut-être mais dont les besognes affreuses ne peuvent contribuer qu'à établir l'empire de la miséricorde. C'est uniquement celle-ci qui pense et crée et fait de la vie avec toutes choses... Même avec les besognes sanglantes de l'autre !... Rappelez-vous, en exemple, cette scène d'un vendredi saint royal, à Madrid. On apporte dans une corbeille les lettres de grâce entre lesquelles le souverain en saisira une, au hasard, épargnant une victime à cause de la victime divine. Un moment d'attente... et voici qu'au lieu de choisir, les mains royales couvrent la corbeille et l'on entend ces paroles : « Afin que tous mes péchés me soient remis, je fais grâce à tous ! »

Mais une âme se fatigue, répétons-le, à porter des fardeaux tellement en dehors des charges que la vie impose d'ordinaire à la pensée et au vouloir des hommes. Pareil épuisement atteint tous ceux qui contemplent l'univers non seulement du haut d'un trône, mais aussi de n'importe quel sommet de pensée. Il y a vingt ans, on les disait neurasthéniques; au siècle dernier, cela s'appelait la mélancolie sacrée des René et des Chatterton. Rappelons-nous cette lassitude pour mieux comprendre celle d'un roi, pour mieux goûter le chef-d'œuvre dans lequel il la traduit. Lorsque l'existence vient user de la sorte une âme le premier besoin de celle-ci sera de tout simplifier. Autant la vie aime à se fleurir d'ornements, à s'épanouir dans les formes et les couleurs, autant la mort et la fatigue qui en est comme la monnaie, ne veulent autour d'elles que l'essentiel des choses correspondant à l'essentiel de l'âme.

Et voilà le secret de l'Escorial; voilà le sens de cette « merveille du monde » comme disent les Espagnols, vraiment la dernière sans doute de ces constructions follement exceptionnelles qui captèrent la richesse de leur siècle pour en perpétuer l'idéal. Nous savons quel idéal décevant fut celui de son fondateur. Nous sommes cependant amenés à reconnaître dans le renoncement de Philippe II une sorte de puissance créatrice, alors que le roi examine ici tout par lui-même, qu'il ne cesse de revoir les plans, les dessins, d'abord de Juan de Tolède ensuite de Juan de Herrera, l'architecte formé à Bruxelles. Il y supprime la moindre superfluité de vie, tout ce qui ne correspondrait pas à la volonté nue de la ligne droite, à la rigueur des formes pures. Simplifier la vie devient une aussi puissante façon de l'exprimer que d'en traduire l'exubérance. On admire avec raison que Louis XIV ait voulu rassembler autour de lui à Versailles la beauté et la richesse de son époque. Il est juste d'estimer également celui dont l'œuvre révèle un des plus poignants états de l'âme humaine. Son sentiment d'art ne peut être mis en question. Voyez quel accueil il fait à un crucifix sculpté par Cellini. Lui-même veut aller à sa rencontre et le ramener comme en triomphe, sur un char drapé, entre des nobles portant des cires ardentes. Ce qu'il honore de la sorte, c'est la beauté du travail et ce ne peut être que cela, car aucun intérêt religieux spécial ne s'attache encore à cette œuvre d'un homme peu recommandable en sa vie privée. Le roi, avec tout son peuple alors précisément au « siècle d'or » aime et comprend la beauté et voit une chose sacrée dans la perfection artistique. Mais dans l'Escorial son âme exténuée ne cherche plus que le grand repos, la méditation et le calme froid de la mort.

Quelle volupté que de pouvoir pleinement fêter

notre propre deuil avec celui de tous nos morts aimés ! L'Escorial dispense un deuil profond, complet, tel que l'embaume de consolation la pensée religieuse, non pour le détruire mais au contraire pour le faire plus large et plus haut d'être mieux retenu au bord du grand abîme. C'est cela qui vous fait si vibrant, c'est cela qui vous fait franchir d'une allure si allègre les larges escaliers, suivre les couloirs interminables comme des allées de cauchemar, admettre tant d'appartements si pareils, avec des portes, des fenêtres multipliées comme sont multiples autour de nous, inutilement, les hommes condamnés à mourir un jour après avoir passé dans le logis précaire. Les guides se font un plaisir enfantin de dénombrer les quarante autels, les seize cours, les quatre-vingt-neuf jets d'eau, les deux mille six cent soixante-treize fenêtres, les douze cents portes, les quatre vingt-six-escaliers, les cent soixante kilomètres de galerie. Mais, comme des yeux, les inutiles fenêtres peuvent s'emplir de soleil et d'un soleil d'infini. Une lucarne permettait au roi de voir constamment de sa cellule l'autel d'or de l'église ; il voulut mourir dans cette vision. Un autre roi catholique voulut expirer au pied même de cet autel sur une pierre que l'on montre encore. L'idéal des vivants anime ce tombeau. De chaque côté du sanctuaire, Pompeo Léoni a dressé deux groupes de personnages agenouillés. On les appelle les

« entierros », les pompes funèbres royales. Au-dessus, encadrées dans le marbre noir, ce sont les tribunes de ceux qui se sont fait représenter là, priant à jamais dans la mort. Les deux groupes figurent, d'une part, Charles-Quint et sa famille, de l'autre Philippe II entouré de même. Énormes, les statues se détachent ensoleillées d'or sur le fond sombre. L'empereur porte la chape avec l'aigle noire, le roi blasonne son manteau aux armes d'Espagne. Tout demeure d'or sur noir comme nous venons de voir l'âme royale s'efforcer à l'implacabilité splendide du métal. Pour rappeler ce devoir suprême avec ses lois et ses récompenses, on a dressé à la façade du temple les six superbes statues des rois bibliques, granit, albâtre et or, que vous venez de voir, seules vivantes, dans l'architecture morte d'exténuation. Ces rois d'or des façades vous expliquent les rois des sépultures d'or aussi, mais agenouillés en prière et drapés de nuit sous l'écrasement d'avoir vécu la grande leçon.

Ce contraste de l'or de l'autel, soleil immuable et de l'ombre du tombeau proche, explique tout l'Escorial.

Sous la coupole montant à quatre-vingt-dix mètres, devant le retable précieux, le maître-autel surmonte exactement le caveau funéraire des rois, afin que le sacrifice divin ne cesse d'être offert sur leurs dépouilles. Ce luxe d'expiation est réservé à ceux qui connurent la responsabilité du trône. Leurs dépouilles n'y arrivent qu'après une attente de cinq ans dans un caveau voisin où les pleurs d'une source entraînent lentement la pourriture humaine... Le « podridario », le pourrissoir ; quel mot et quelle chose !

Il faut s'arrêter à cette instructive horreur, et c'est une des gloires de l'Escorial d'apparaître comme son monument. Voilà l'ultime effort de l'esprit sur la matière. Peu à peu la certitude de la résurrection enhardit l'âme chrétienne qui, à cause du seul tombeau vide, ose alors ouvrir les autres pour y contempler ce qui les remplit encore, la chose effroyable et sans nom. Cette audace s'installe dans le désarroi moral de la fin du Moyen Age, du XIIIe au XVe siècle. Elle correspond à son furieux besoin de réel et c'est pourquoi on la rencontre surtout dans les pays où ce sentiment fut le plus intense, en Belgique, comme en Espagne. Là, il devient une discipline d'âme, une suprême recette de paix enseignée bientôt par les légendes. En voici une. Un aumônier du béguinage de Nivelles était obsédé par l'image d'une femme aperçue un jour d'avril. L'envoûtement persistait des années après qu'elle fut morte. Il s'en alla enfin ouvrir une tombe, défaillit dans l'haleine de ce qui avait pu être la fleur d'un printemps et se releva guéri. A Saint-Trond, Christine appelée l' « Admirable » à cause de sa vie de prodiges, endure l'obsession du mal universel. Tout ce qui déchire, écrase, brûle, fait horreur, attire son âme en mal de dépassement. Elle s'envole aux sommets des arbres et des tours, se précipite dans les fleuves, dans les fours brûlants ; partout elle ouvre les tombes pour y surprendre la décomposition des morts.

Il fallait l'Espagne pour que cette pourriture fût montrée à tous, peinte avec un art merveilleux. C'est à Séville, paradis de joie claire, que cela s'impose à vous, dans l'hôpital de la Charité fondé par celui que nous appelons Don Juan. La légende de celui-ci eut pour principal apport les aventures de Miguel de Mañara, libertin obstiné. Réfugié dans quelque église à la suite d'un nouveau meurtre, il y voit entrer un cortège funèbre, demande le nom du défunt, entend le sien propre et se reconnaît dans le mort porté à visage découvert. Sa conversion fut foudroyante. Après une longue pénitence, il voulut être enterré sous le seuil de l'hôpital fondé par lui afin d'être sans cesse foulé aux pieds mais on lui refusa cet abaissement à cause de sa pénitence. Dans son épitaphe, il se déclare « le pire homme qui fut jamais ». C'est ici, dans ce monument de repentir, que se trouve le tableau fameux de Valdès Léal. Deux cadavres pourrissant dans un caveau, celui d'un évêque et celui d'un chevalier pour signifier les deux formes espagnoles de la grandeur, y sont représentés avec un tel souci d'exactitude que nous ne voyons plus une interprétation artistique, mais un inventaire abominable. Murillo (dont vous oubliez les chefs-d'œuvre voisins pour cette obsédante vision) disait brutalement : « C'est à se boucher le nez ! » La nuit funèbre ne s'éclaire que d'un rayon d'en haut où luisent la balance d'essentielle justice et ces mots : *Finis gloriæ mundi.* Le peintre a résumé en eux la dure leçon qui ne semble pas trop dure pour les âmes d'ici. Elles l'ont recherchée dès les premiers moments où la terrible vocation de l'Espagne vint la rendre nécessaire.

On a tort de regarder l'abdication de Charles-Quint comme une crise d'âme inattendue. L'empereur reste dans la tradition d'une piété souveraine. Il ne demande pas à Saint-Yust l'abnégation des vies claustrales régulières, car il y emporte un train réduit mais encore princier. Il cherche une retraite toujours auguste que son fils propose à la dynastie dans le monastère royal, la cellule écrasée entre la mort et Dieu. Sans doute, il est au monde peu d'endroits aussi émouvants que ces cellules ménagées près des tombes, contre l'autel, à sa gauche. C'est le côté des églises que l'orientation liturgique place au midi. Au midi également, l'usage fait édifier les galeries des cloîtres et dans les cimetières on affectionne cet endroit mieux réchauffé par la bénédiction du ciel. Le roi lassé se vient blottir au même soleil que les morts, comme déjà enseveli près de Dieu. Un tableau célèbre montre le rêve de cet abri, le *Rêve de Philippe II*. Le roi s'était vu au grand réveil, à la fin des temps, au milieu de ressuscités dont beaucoup lui étaient connus, et il voulut qu'on le peignît comme il s'était apparu à lui-même, entre les deux abîmes ouverts, celui d'en haut et celui d'en bas.

Des galeries de l'Escorial sont consacrées aux batailles, car la gloire du bien subsiste pour le ciel. Parmi les habituelles évocations de piété et de nature, elles réservent une place exceptionnelle et souvent remarquée déjà, aux étrangetés de Breughel et de Bosch. On sait combien le roi farouche les aimait, ainsi du reste que l'Espagne d'alors. Rien n'est plus symptomatique. C'est qu'elles évoquent les pensées maîtresses du monastère royal : les fautes qui détaillent le mal, les supplices qui détaillent l'expiation par la mort et l'enfer. Une composition autrefois célèbre les résume toutes : le *Chariot de foin*. C'est par un soir de juin, un tendre soir d'été. L'énorme charrette emporte la vie entière de la prairie pareille à celle des générations, et la foule, sans comprendre, suit le chariot derrière ses chefs, pape et empereur en tête. Malgré les moines prêcheurs, des ivrognes trébuchent, des couples dansent et s'étreignent. « Toute chair, dit l'Écriture, est comme l'herbe des champs qui s'épanouit, puis qu'on arrache et qui est brûlée au four. » Au panneau de droite du triptyque, voici les lueurs d'incendie et les horizons patibulaires. Regardée de l'Escurial, la vie ne se conçoit plus qu'en aboutissements suprêmes et en puissance d'éternité... Derrière sa propre image funèbre dans l'église, Philippe II voulut celle de son fils Carlos... Il assista ici aux offices qu'il fit célébrer durant deux nuits pour l'âme de Marie Stuart. Par le passage secret qu'on nous a montré aboutissant à la stalle du roi dans le chœur des moines, un messager lui apporta pendant les vêpres la nouvelle de la victoire de Lépante. C'était celle de l'effort unanime de l'Espagne pour le salut de tout l'Occident; le roi se tut jusqu'à la fin de l'office, puis demanda seulement qu'un *Te Deum* fût chanté.

Des couloirs où le granit noir et blanc se cache à la fin sous de vieux damas rouges vous conduisent dans un étroit réduit. Vous avez la surprise d'y être comme jeté tout contre un crucifix d'albâtre de taille humaine. Le visage n'est pas divin, mais son expression, admirablement douloureuse, s'étend au corps entier. C'est l'ouvrage de Cellini que le roi voulut recevoir avec tant d'honneur. Une mauvaise peinture murale, du reste ternie, évoque sous la croix l'aspect traditionnel du calvaire, avec la Mère divine et saint Jean. Des volets s'ouvrent et vous constatez que vous êtes dans une sorte de petite loge en haut de la façade de l'église sous les statues des rois saints. En bas, c'est le parvis, la « cour des rois ». On y range les troupes qui vont en campagne pour une messe célébrée alors au petit autel placé devant le Christ qui bénit ceux qui vont mourir.

Désormais le rêve de vivre vous a quitté, la réalité de la mort s'est installée en vous comme un apaisement. En arrivant dans les jardins vous apportez au soleil une âme nouvelle, enivrée d'abandon, renouvelée d'absolu. Voici les jardins sans fleurs ! Abnégation suprême, dernière offrande à la mort. Comprenez-vous un monde où les fleurs ne sont plus ? Le voici qui vous tient. Sur la terre où devraient vibrer les corolles, d'immuables rangées de buis dessinent des palmes immobiles. Jamais je n'ai mieux goûté la douceur du buis toujours vert et bas, la leçon de son arome d'amertume discrète. C'est la saveur de larmes lentes et paisibles, descendant jusqu'aux lèvres qu'elles salent. En Espagne le buis n'est pas admis, comme chez nous, aux honneurs du « Dimanche des Rameaux ». Il ne dit pas l'allégresse des branches jetées sur la route de Jésus. Mais dans les jardins il dessine les corbeilles, les plates-bandes, il forme le fond de tout le prestige vert lorsqu'il ne le résume pas à lui seul comme à l'Escorial. On retrouve en son humilité la ferveur mystérieuse des petits jardins de béguines du Nord, grandie à la pompe de ces terrasses royales où le soleil, quelles que soient les heures et les saisons, ne promène jamais que l'ombre d'un tombeau.

Le sens que prend la mort en Espagne, nous le voyons, transforme la vie, la pensée, l'art et jusqu'à ses moyens d'expression.

Voyez le rôle que joue dans la vision nationale la couleur noire, qui est comme la mort traduite aux yeux, la somptueuse tombe gardant la blancheur toujours prête à surgir en lumière ! Carlyle déclare qu'un peuple n'est grand que dans la mesure où il sait se taire ; peut-être aussi un peuple n'est-il artiste que dans la mesure où son œil perçoit les vertus prodigieuses du noir, la couleur qui se tait. En Espagne, il marque le rang et la grandeur comme il relève la beauté. Le drap l'absorbe, le velours l'approfondit, la soie l'éclaire, le satin le fait éclater en reflets, la dentelle des mantilles le rend léger, nombreux, mouvant. On ne le recherche pas seulement pour les étoffes; il le faut sur les armes, bleuissant l'acier, relevant les damasquinures d'or comme le noir du ciel les dessins des constellations. On le recherche dans l'éclat des joyaux : le jais sera aimé d'être la gemme noire qui s'accorde aux draperies de nuit. En visitant le trésor de la chapelle du Connétable dans la cathédrale de Burgos, on vous fait admirer le parti qu'un ciseleur gothique sut tirer d'un morceau de jais exceptionnellement grand pour y trouver le manteau d'une Madone des Douleurs. Par quelle compréhension de leur beauté les Espagnoles ont-elles su aimer la mantille noire, venant relever de sa matité le brillant des boucles savantes? La mantille blanche n'intervient pas ici en contradiction; car le blanc n'est pas une couleur mais de la lumière en accord avec la profonde luminosité des choses noires.

Cette défiance de la couleur au profit de la lumière également vibrante dans le noir ou le blanc, se marque par un détail de mode traditionnel, un des derniers qui aient persisté dans la ruine du costume national en Europe. Les Espagnoles, on le sait, conservent l'amour de ces châles brodés qui leur sont rapportés d'outre-mer, de Manille, et portent le nom de « manton ». Les broderies s'y multiplient jusqu'à cacher presque complètement le fond du tissu sous les couleurs les plus éclatantes et cependant les mieux accordées. Or, cette broderie prestigieuse se trouve toujours encadrée par un large dépassement de l'étoffe du fond, invariablement noire ou blanche... Lorsque le châle s'enroulera au corps souple, ce bord de nuit ou de lumière relèvera le diaprement d'arc-en-ciel dans une noblesse hautaine. L'antique faille noire des Bruxelloises est une mode espagnole conservée en Belgique jusqu'à l'époque moderne. On en retrouve l'émotion dans l'église de la Chapelle à Bruxelles, une des mieux épargnées par le temps et les hommes. Une vierge d'Espagne y est demeurée avec son nom de là-bas « Soledad », Notre-Dame de la Solitude. Marie apparaît debout au pied de la croix ; son visage crispé par l'angoisse est encadré par une faille de soie noire dont les longs plis descendent presque jusqu'à terre et que surmonte l'éclat farouche d'une auréole de cuivre.

Ce sens du noir, les peintres d'Espagne l'ont possédé jusqu'à en avoir fait unc spéciale grandeur de l'école. On peut dire qu'un maître sera d'autant plus national qu'il emploiera le noir avec plus de parti-pris. Alors que les miniaturistes du premier Moyen Age recherchent partout les enluminures les plus claires, ceux d'Espagne affectionnent déjà d'une façon exclusive le noir relevé d'or. Moralès s'en éprend ; Zurbaran, Ribera, résistent avec plus ou moins de force, selon l'intensité de leur maîtrise, au souci italien de le réchauffer de brun. Greco en fait sa note préférée. Pour Velasquez, nous aurions à montrer que toute sa palette prestigieuse se trouve accordée à l'unisson d'un noir si léger, si profond, si lumineux qu'il suffit à faire chanter toutes les nacres des chairs, toutes les flammes des joyaux, toutes les fleurs des toilettes. Avec ses deux élèves, l'aristocratique Sanchez Coello, le sensible et vibrant Pantoja de la Cruz, Antonio Moro fut vraiment le fondateur de cette école de portrait, la plus noble du monde. Hollandais et Anversois d'adoption gagné à l'Espagne, Moro, dans ses figures habillées surtout de noir, place la matité bleue de ce noir à la base du coloris le plus pur. Il pressent, de la sorte, le grand secret d'un autre Néerlandais, Vermeer de Delft. Alors que Rembrandt éblouit le monde par l'or et le soleil embrasés dans sa rousse nuit de forge, Vermeer réalise la merveille encore plus grande, peut-être, d'un Rembrandt clair ! Comment cela ? C'est qu'il sut découvrir l'usage de cette gamme de nuances qui va du noir au bleu, comme Rembrandt avait chanté celle qui va du brun au rouge vers le blanc. Avant Vermeer, les grands peintres d'Espagne devinèrent donc que le noir enseigne l'azur et la lumière.

Il ne suffisait pas à l'Espagne de comprendre le sens de la mort, de l'avoir célébrée par un monument exceptionnel, le plus « pensé », le plus « moderne » de ceux qu'elle a reçus des hommes ; d'en tirer leçon de grandeur, de sagesse et d'art ; elle voulut encore s'en faire un jeu. Ne cherchez pas d'autre raison à sa passion pour les courses de taureaux.

Les chevaliers avaient trouvé dans la façon dont fonce le taureau une excellente école pour l'escrime de la lance. Transformée lentement en une manière de sport, réservée enfin à des « professionnels », la corrida forme une institution nationale. Malgré son péril matériel et son péril moral, souvent rappelés par les prohibitions des papes, la course contribua puissamment à mettre dans le caractère de la race cette habitude du fer et du sang qui constitue la première garantie d'existence pour un peuple. L'œuvre célèbre de Goya, le *Dos de Mayo*, montre dans la foule qui assaille à Madrid les cavaliers étrangers, de très petits garçons enfonçant leur couteau dans le ventre du cheval seul à leur portée. Ces héros enfantins ne furent-ils pas sûrement formés par la corrida? Si donc vous voulez pour la valeur humaine des courses oublier l'horreur du combat, celle, pire encore, de la boucherie avec le suprême dégoût du plaisir pris à la cruauté, n'oubliez pas qu'elles furent la condition du jeu que se voulut l'Espagne en préparation aux perpétuels héroïsmes nécessaires. Voilà pourquoi vous voyez des corridas dans les plus petites villes comme dans les anciennes capitales des royaumes espagnols, voilà pourquoi s'est lentement formée une tradition d'habileté et de vaillance, voilà de quoi se passionne et à quoi se conforme un peuple entier. La leçon de courage conserve une élégance d'âme parmi la banalité d'un jeu devenu métier donnant fortune et renom; elle conserve aussi une générosité au milieu des inévitables brutalités de la foule. Rien de plus curieux que l'ordinaire gravité pensive des toreros. Ils montrent de même cette urbanité délicate que donnent à ceux qui les exercent les métiers où il faut savoir mourir. Certes, ils sont loin des guerriers de jadis combattant le taureau pour s'entraîner contre le Maure ! Ce sont gens de métier, encore une fois. Mais si leur victoire sur la bête est convenue, si la blessure et la mort, pour eux, ne peuvent plus être que d'accident, elles n'en demeurent pas moins tellement possibles, tellement probables, que les grandes « Espadas » mourant dans leur lit forment l'exception. Cc que la pensée de mort fait pour leur allure, elle le fait aussi pour le caractère du spectacle et la curiosité de la foule. Si la gravité des acteurs vous émeut, la sincérité du public, ses férocités d'enfant, ses enthousiasmes vous rassurent sur sa valeur d'âme. L'Espagnol admire dans le taureau l'animal qui fonce droit, qui dédaigne la feinte, qui ne revient guère vers l'ennemi renversé. Il aime en lui des qualités qu'il se veut et dont la suggestion ennoblissante se renouvelle sans fin sous l'étourdissement des corridas. Il exige volontiers la grâce du taureau qui s'illustra par une valeur exceptionnelle et se réjouira de l'imaginer vieillissant dans les pâtures, en roi magnifique.

Goya, qui connut l'Espagne de l'ancien régime, avant le relâchement des traditions par l'époque moderne, vous présente ce qu'on peut appeler « la pensée tauromachique » dans toute sa curiosité. Et, d'abord, nous l'en savons à ce point obsédé qu'il semble avoir fait partie lui-même d'une compagnie de toreros. En tout cas, s'il ne les a pas accompagnés dans le cirque, ce qui reste douteux, il partagea leur existence pendant assez longtemps. Tout indique que le jeune Goya, fougueux autant que génial, fut conquis par cette vie de faste, de bravoure et de liberté. Ses œuvres nous montrent la corrida avec les transformations que lui imposent les siècles ; nous y voyons d'abord l'ardeur guerrière de la chevalerie, puis la naissance du jeu héroïque, alors que Charles-Quint voulut, comme les anciens, tuer un taureau à la lance et que Philippe II, non encore saturé de deuil, y figura en cavalier brillant. Peu à peu le côté de jeu et de fantaisie s'accuse rendant plus répugnante la cruauté, plus artificiel, moins artistique, le spectacle. Le costume de ses acteurs perd de sa signification et de son harmonie. Pour avoir toute la gamme, il faut ajouter aux romantiques compositions de Goya, la toile d'un grand peintre espagnol d'aujourd'hui, Zuloaga. Vous y voyez dans le plus dur paysage de montagne, quelque picador rustique remontant vers son village. L'homme est laid, presque vieux ; la physionomie est figée dans une tristesse morne. Le cheval est un spectre, un spectre blanc tout couvert de marbrures sanglantes. C'est le

Sancho et la Rossinante de la tauromachie, pitoyables et instructifs comme ceux de Cervantès. Un Espagnol encore une fois indique à son pays la fin d'une attitude, l'approche d'une transformation dans l'impérissable valeur.

Cette valeur fait admettre l'épanouissement d'un jeu que la mort dirige. Le sang et le péril saisissent l'appétit des yeux et l'attente de l'esprit pour leur faire subir le poignant émoi de la partie engagée. Vous comprenez alors les mouvements de cette foule qui se reconnaît, s'applaudit et se veut triomphante dans la lutte des forces qui pensent et des forces animales... Les femmes sont penchées sur le rebord des loges où éclatent les châles et les manteaux de parade des toreros ; une couronne de beauté et d'apothéose entoure l'arène dont le sang disparaît sous les fleurs et les parures jetées. Si bien que vous approuvez la mort d'enseigner ainsi la vie : par un jeu !

(J. Laurent & Cie, Madrid.)

LE CRUCIFIX DE LA SACRISTIE DES CALICES
Sculpture de Montañès. — Cathédrale de Séville.

SÉVILLE

ET LA SCULPTURE ESPAGNOLE

Nous touchons au but principal de notre voyage : la rencontre de la catholique Espagne à l'apogée d'elle-même, la Semaine sainte à Séville! L'intérêt de ces fêtes, que tant de descriptions n'ont pu banaliser et moins encore traduire fidèlement, est tout entier dans les processions nocturnes promenant, au milieu d'une ville enfiévrée, les œuvres des grands sculpteurs sévillans. Avant d'essayer de dire le charme de la scène populaire, il convient donc de voir comment furent préparés les maîtres des « pasos ».

L'évolution de la sculpture espagnole est dominée par un phénomène singulier : jamais, peut-on dire, cette sculpture ne cesse d'être polychrome. Alors que presque toutes les écoles abandonnent, à l'époque de la Renaissance, la sculpture colorée, l'Espagne conserve celle-ci jusqu'en plein XVIIe siècle, pour les plus parfaits ouvrages de son « siècle d'or ». Le saint François de Pedro de Mena, le Christ et l'Immaculée de Montañès sont des œuvres polychromes. Cherchons les causes de cette particularité technique.

Nous voici dans les Asturies, qui furent le suprême refuge de la nation à l'heure du péril. De la « Pena santa », le mont sacré du territoire, le théâtre de l'histoire d'Espagne s'évoque comme dans une vision prophétique. Devant nous s'allongent les plaines de Castille pour les premiers élans de la « reconquête ». La bataille de Cavadonga y vint apprendre l'usage de la victoire aux opprimés. A l'orient, la barrière des Pyrénées affirme une loi de grandeur par l'isolement. Le hérissement des sierras, rayonnant du massif central, prolonge la défense des monts à travers le pays entier. Et voici la clarté des flots qui donneront un monde aux caravelles espagnoles. Derrière nous, dans la montagne même qui nous porte, se creuse la grotte qui fut l'asile du roi Pélage. La cascade d'une source en ruisselle sur la plaine, image d'un inépuisable avenir. Les églises de cette ultime Espagne, en témoignant d'influences romaines et orientales à la fois, semblent remettre sous nos yeux l'aspect des sanctuaires d'avant la conquête maure, les souvenirs précieux de l'enfance chrétienne de la nation. Oviedo, la capitale, conserve jusqu'à trois de ces édifices dont le plus vénérable est appelé la « Camara santa ». C'est une « Chambre sainte », en effet, un réduit sacré, construit par le souverain vers la fin du VIIIe siècle pour la sauvegarde de ses trésors, au centre d'un palais-forteresse. Là se conservait et se conserve encore tout ce qui faisait le prix de l'existence pour la pensée d'Espagne.

Qui ne connaît la fascination du coffret aux souvenirs? Voici le coffret aux souvenirs d'une nation et les objets qu'il enferma furent des reliques avec les joyaux, les orfèvreries, qui les glorifiaient.

Voici des restes humains, des vêtements, le bois de la Croix, tous les objets que l'adoration des âmes voudrait soustraire au sort commun des choses. Pour cela, elle les entoure de ces matières que leur rareté et leur incorruptibilité semblent devoir faire durer sans fin : l'argent et l'or, l'ivoire, les pierres dures et lumineuses. Le trésor religieux c'est la fleur des choses fêtant la fleur de la pensée; nulle part il ne flamboie et n'enchante comme en Espagne. Chaque cathédrale nous en montre un et chaque fois se renouvelle en nous l'émoi qui, par l'émerveillement des yeux, exauce le plus secret désir du cœur humain, celui d'un gage impérissable de bonheur! Des poèmes de piété séculaire vous y sont racontés dans le scintillement des gemmes, ces étoiles de la terre venant mêler à la vie du souvenir un appel d'infinie splendeur. La « Camara santa » fut le premier de tous les trésors-reliquaires du pays; il garde la « Croix de la Victoire », de Pélage, et la « Croix des Anges », d'Alphonse II. Ici, les premiers rois, aux noms de légende héroïque et sainte : « le Chaste », « le Batailleur », « le Justicier », venaient prendre quelques-unes de ces reliques pour se protéger dans la continuelle bataille contre le Maure. Elles étaient placées d'ordinaire dans des diptyques d'ivoire et d'or, formant tableau d'autel portatif. En campagne, le prêtre disait devant elles la messe et, souvent, le roi chevalier les gardait avec lui, fixées à l'arçon de la selle, pendant la mêlée.

Ainsi, de la même manière que les trésors des églises espagnoles ont, pour modèle, celui de la Camara santa, les diptyques, grandis à la taille des cathédrales de la délivrance, ont formé le retable espagnol, le retable sans pareil. Voyons-le emplissant la perspective des plus formidables églises gothiques qui soient au monde : Séville, Tolède. Ici, à Séville, derrière la « réja », la grille orfévrée qui semble comme une ébauche de son élan épanoui et comme sa forme transparente, dans une nuée d'or faisant perpétuel le mirage des encensements, il dresse l'âme du sanctuaire, le miracle de la présence divine. La vie du Sauveur, celle de sa Mère, la troupe des anges et des élus s'y composent en une ordonnance majestueuse, parmi l'élite des formes, toutes les créatures de beauté, érigeant un ex-voto d'action de grâce et de prière. On eut tort, plus tard, d'affecter à ce rôle, dans les tableaux d'autel, un seul épisode de l'histoire sacrée. En effet, la vie du Christ et de ses élus, toute l'entièreté du geste rédempteur, forme un même ensemble, bien que les différentes phases en aient été séparées par le temps et l'espace, selon la loi des vies humaines. Aux yeux de la foi, tout ce qui sauve et sanctifie demeure un unique mystère emplissant l'étroite largeur du fini, la brièveté des siècles, le temps qui s'émiette ici-bas, pour évoquer mieux le temps simultané, infini, éternel, le temps d'en haut. Voilà ce qu'enseigne le retable, l'abrégé de ce qu'on pourrait appeler sa métaphysique. Pour traduire ce tout mystique dans le retable espagnol, l'architecture et la sculpture y sont relevées par le prisme du coloris. Serait-il permis d'ajouter que le retable participe également de la musique, de la poésie et de la danse par le rythme, leur essence commune? En effet, les figures y sont souvent tellement nombreuses que leurs attitudes, ne pouvant plus être saisies d'un même regard, arrivent à nous imposer, non pas le geste immobile d'une statue, voire d'un groupe, embrassés d'un seul coup d'œil, mais le geste changeant et successif d'une foule. C'est pour ne pas avoir été assez attentif à cela que quelques critiques se sont fatigués de trop de splendeur et n'en ont pas senti l'harmonie générale. Et cependant, n'est-ce pas de ce rythme, chant muet, mouvement en essence, qu'est sortie la magnificence des processions associant à toute la vie du plein air le rayonnement des figures sacrées?

Dans les temples, les retables développent leurs cortèges célestes selon l'ordonnance des architectures. Parfois ils s'arrondissent en astres et en fleurs à cause du Seigneur, le Soleil de justice, et de Notre-Dame, la Rose mystique. De la sorte la rosace en vitrail de la façade peut trouver, au-dessus de l'autel, un prodigieux équivalent de figures dorées et diaprées. Le retable de San Nicolas à Burgos, celui de la féerique chartreuse de Miraflorès par Gil de Siloé et Diego de la Cruz se composent en roue. Devant le dernier les tombes royales s'encadrent dans une sorte de rosace octogonale. On dirait qu'en imitant la forme de l'autel elles veulent participer à la promesse d'éternité radieuse. Ailleurs, les nefs géantes imposent aux retables la montée d'une composition allant du dallage à la voûte avec la liberté touffue d'une feuillée pleine de vols d'anges, traversée d'apparitions divines. Enfin la Renaissance fera prédominer ses formes monumentales et rigides. A l'Escorial, ce ne sont plus que des tableaux distincts qui s'étagent dans trente mètres de marbre et de bronze doré.

Le retable exista par toute l'Europe médiévale. Il fut une des spécialités de l'École brabançonne. Mais l'Espagne en a fait sa chose, sa chose d'art. C'est là surtout que, transformant les successives influences de la France, de la Bourgogne, de la Flandre, de l'Allemagne, de l'Italie, ses sculpteurs trouvent moyen d'augmenter de chaque apport étranger l'intensité du caractère national. Très vite, très tôt, l'Espagne posséda, de la sorte, des maîtres comme ce Mateo, l'auteur de la *Gloria*, le porche de Compostelle. Nationalisant le réalisme toulousain, si proche de celui de sa race, il a composé pour le temple aussi célèbre alors que Saint-Pierre de Rome, la plus belle des œuvres de la sculpture romane dans le monde entier. Elle est complètement polychrome. Ce poète d'instinct qu'est toute âme populaire, mais surtout celle de l'Espagne enthousiaste, a trouvé le nom qu'il fallait pour enfermer tant de magnificence dans un mot : « la gloria », la gloire, simplement.

L'Espagne, qui accueille des maîtres de Bretagne, de Tournai, de Bruxelles, en envoie bientôt à l'étranger. Si l'École de Séville semble fondée par un Breton, c'est un de ses élèves indigènes qui crée la « Virgen del Reposo » de la cathédrale de Séville, si espagnole déjà. Cette maîtrise se fait plus puissante encore dans Pedro Millan, également un des grands sculpteurs de la cathédrale de Séville, l'auteur des inoubliables figures en terre cuite de ses portes, de la ravissante Madone del Pilar d'une de ses chapelles. Il garde le souci gothique des plis ciselés, des formes strictes, mais avec l'élan fier, la vie abondante caractérisant le tempérament racique. L'apport impétueux de la Renaissance italienne sera transformé de même. C'est ainsi que Forment, né dans Valence toujours en rapport avec l'Italie, est resté espagnol bien qu'il accepte l'influence de Donatello, notamment pour le fameux retable de Notre-Dame del Pilar à Saragosse. Berruguete fera de même en étudiant les plus fiévreuses attitudes de Michel-Ange. C'est encore la méthode de Diego de Siloé, comme de Gaspar Becerra, peintre et sculpteur de Philippe II. Enfin, des Italiens établis en Espagne, le grand Torregiano et les Léoni, se transforment sous l'emprise nationale, désormais victorieuse par le développement d'un art entièrement autonome. Juan de Juni détache alors la statue du retable et du tombeau. Grégorio Hernandez, maître incontesté de l'École castillane fondée surtout par des Bruxellois, enveloppe d'un pieux recueillement ses images de Vierges douloureuses. Il ose l'artifice périlleux des incrustations de cristal sans dommage pour son art réaliste et mystique également.

Il faut aller à Séville pour lui trouver un émule plus grand que lui encore, un maître dominant toute la sculpture espagnole : Montañès ! Sa très longue vie (il naît à Alcala la Real vers 1564 et meurt à Séville en

1649) comprend presque tout ce « siècle d'or » dont l'éclat, du reste, dépasse largement les cent années. Ce que nous savons de l'existence de Montañès permet d'affirmer sans hésitation aucune qu'elle fut en tout point conforme à l'âme révélée par ses œuvres. Le travail et la piété furent ses seules lois. C'est par la communion et la prière qu'il sollicite l'inspiration. Il se préparait de la sorte à composer pour l'Espagne les images définitives de ses dévotions nationales : Jésus Sauveur et Marie Immaculée. La renommée lui vient tard, après la quarantaine. Sa première œuvre datée sûrement est de 1607. Il emploie deux ans, de 1610 à 1612, à faire le magnifique retable des Hiéronymites de Santiponce, près de Séville. Puis, c'est le tombeau évoquant la défense de Tarifa. De 1614 date le crucifix fameux conservé à la cathédrale de Séville dans la « sacristie des calices » et, sans doute, le plus beau des innombrables chefs-d'œuvre que la croix ait inspirés; sa polychromie est due au grand peintre Pachéco. Cinq ans après, il commence les trois « Christs tout-puissants », « del gran Poder » dont nous rencontrerons le principal à la procession du vendredi saint. Les Vierges immaculées datent de 1630. Le saint Bruno de Cadix, dont nous avons parlé, semble la méditation de l'artiste devant la mort. Ce sont les derniers ouvrages que l'on connaisse sûrement du maître à qui l'on attribue trop d'œuvres d'ateliers ou d'élèves, presque toutes indignes de son art formidable et délicieux.

L'art espagnol se caractérise surtout par le réalisme. En ceci, il se rapproche une fois de plus de l'art flamand. Mais le réalisme flamand s'accompagne d'intimité cordiale jusque dans l'extrême pompe, tandis que le réalisme espagnol se veut véhément et noble jusque dans la plus intime simplicité.

Ce réalisme foncier se retrouve aussi bien dans le souci du style le plus pur que dans l'emploi des trompe-l'œil les plus discutables. Nous savons qu'il admet l'emploi de chevelures, les incrustations de cristal; nous nous rappelons qu'il est allé jusqu'à vouloir une dépouille humaine pour l'effroyable Christ de Burgos. Sa marque la plus décisive, c'est l'attachement obstiné à la sculpture peinte.

Une méprise entraîna presque partout la disparition de celle-ci avec le triomphe de la Renaissance. Lorsqu'on retrouva les statues antiques, elles apparurent sans couleur et on en conclut qu'il fallait imiter leur aspect monochrome. Aujourd'hui seulement nous avons découvert que si la majeure partie des ouvrages antiques n'est plus colorée, c'est un simple résultat de l'action du temps. Presque toute la sculpture antique fut polychrome, et Phidias osait recourir aux incrustations de cristal. Si le procédé peut conduire aux vulgarités du trompe-l'œil, ce n'est que par la faute de celui qui l'emploie. Toute technique a ses périls et les seules habiletés du ciseau dans la pierre nous ont donné des abus indépassables, tels que les imitations d'étoffes, de dentelles, de linges mouillés. Théoriquement, l'usage de nuancer une sculpture n'est pas moins irréprochable que toute autre forme d'art ; il est aussi légitime que de colorier un dessin pour en faire un tableau. Les grands sculpteurs de l'Asie ou de l'Égypte, ceux de la Grèce incomparable, ceux du Moyen Age européen, ceux de la première Renaissance, ont tous été soucieux d'animer le plus possible, donc par la couleur, la matière qu'ils faisaient vivre par le modelé. Sluter peint les statues du puits de Moïse : Germain Pilon, en pleine Renaissance, teinte de bleus, de rouges délicats, sa poignante Mère douloureuse ; les grands Italiens : Donatello, Mino da Fiesole, Verocchio, font de la sculpture colorée. L'on possède une curieuse lettre de Michel-Ange disant les avantages de celle-ci. Seul, le groupe de Renaissance classique, directement opprimé par son erreur sur l'exemple des Anciens, renonce à une bonne part de la puissance expressive dont dispose la sculpture. L'Espagne fera exception. Elle produira son Michel-Ange dans Montañès qui emploiera le relief coloré.

Voici donc la sculpture polychrome réalisant au

siècle de Velasquez l'apothéose dernière du retable, sorti des trésors anciens avec les diptyques de batailles et mêlant aujourd'hui ses statues à la vie des cités, à celle de Séville, la plus espagnole des villes d'Espagne.

Comment expliquer l'attrait de Séville consacré par un dicton fameux ? Évidemment, c'est ici un site charmeur entre tous. Le plus doux climat du monde, un air à la fois doré de chaud soleil et vivifié par l'haleine de la mer proche, enchantent la plaine où sourit la ville. Sur le bord du large fleuve, le « fleuve-empereur », voici la tour de l'or qui veilla sur les débarquements d'Amérique, voici le plateau haussant une cathédrale follement prodigue de magnificence. La féerie de l'Alhambra se retrouve à l'Alcazar, palais arabe rebâti pour des rois chrétiens. Dans les églises et les musées, s'accumulent les trésors et les chefs-d'œuvre : Velasquez, Murillo, Montañès. Jouir de tout cela, non en simple voyageur qui passe, mais en habitant de la ville privilégiée qui goûte chaque merveille à loisir, selon les diverses dispositions du ciel, de l'âme et des yeux, devait faire naître cette joie instinctive formant l'atmosphère même de la vie dans ce lieu. C'est ici la terre heureuse entre toutes, et le langage populaire fait de l'Andalousie le domaine de la Reine du Ciel. Le bonheur y éclate partout, y transforme tout, comme la lumière dont Murillo surprit la douceur extasiée. Il entre dans les plus pauvres logis, dans les palais les plus solennels. Il vous semble fleurir les patios, reluire en chacune des plaques de faïence de tout style, de toute couleur, de tout âge, qui gardent une nouveauté de fête aux plus vieux murs. Il rayonne mieux encore de la foule.

Presque partout la foule vous irrite ou vous amuse; ici, elle vous charme. Pourquoi? A cause du prestige inexplicable de Séville dont elle compose la plus grande part; à Londres la foule marche pour agir; à Paris, elle flâne pour voir et se faire voir; à Séville, elle stationne ou elle chemine pour rêver, rire ou se déplacer. Chaque mouvement est tout d'émotion, à peine de réflexion ou de vouloir. C'est pourquoi, il y a ici, dans les heures et dans l'emploi que les usages, les mœurs, le lent apport du temps en ont imposé, une douceur sans analogue. C'est pourquoi tout est bon à regarder, tout amuse à vivre, tout, mais surtout la foule qui est le tout humain... Cette foule va comme Dieu la mène et Séville au printemps met jusqu'à l'âme en fleur. Cervantès dans son drame *Le bienheureux ribaud* nous montre un saint hanté dans les solitudes du Nouveau Monde par le regret de la rue sévillane, la rue où, lumière et musique, passe la vie délicieuse. Cette vie va des joies les plus enfantines ou les plus violentes aux suprêmes ravissements. La Féria est incomparable à Séville; la « Semana santa » la dépasse encore.

Tâchons de bien faire nôtre la façon dont un Espagnol comprend la Semaine sainte. Celle-ci gouverne l'année chrétienne où chaque dimanche n'est qu'un rappel de Pâques. Les églises destinées à la prière solennelle du jour saint se trouvent donc remplir leur essentielle fonction à Pâques et pendant la grande semaine. Voici l'Espagne à la fête de tous ses temples qu'à Séville trois éléments principaux composeront : les offices solennels transfigurant la cathédrale et ses richesses d'art, les processions nocturnes promenant les sculptures de la grande école sévillane, la nuit pascale avec les cloches de la Giralda. Répétons-le : point ne sera besoin d'être croyant pour goûter ce spectacle ; le simple sentiment d'art y suffira.

Les palmes du dimanche des Rameaux envahissent la ville bien avant ce jour des « Pâques fleuries » ouvrant la semaine de deuil par l'annonce, déjà, de la sûre victoire divine. Elles font l'objet, dans tout le Midi, d'un travail long et minutieux. L'Espagne se les prépare dans la forêt des palmiers d'Elche, petite ville d'un cachet tout oriental. Les arbres y croissent, selon la formule du dicton populaire, « les pieds dans l'eau, la tête dans le feu ». Et dans ce ciel ardent, au-dessus des lacis de l'eau qui le mire, la « palpitation des palmes » met une douceur biblique. Les plus belles sont travaillées dans les couvents où des religieuses les enjolivent selon un goût enfantin et charmant avec des combinaisons de tresses, de rubans, de dorures, de peintures. La plus magnifique sera offerte à l'archevêque primat d'Andalousie et après avoir été portée par lui aux offices solennels du matin des Rameaux, se trouvera aux mains de la statue de saint Jean l'Évangéliste pour la première procession de nuit. Chaque famille et jusqu'au plus humble fidèle tiennent à en posséder une. Pendant des semaines elles bénissent de joie religieuse les façades des maisons.

A partir des Rameaux, les offices dans la cathédrale revêtent la plus grande pompe et les autorités assistent aux principaux. Le mardi et le mercredi saints, pour la récitation dialoguée de la Passion, le retable disparaît sous d'énormes draperies aux couleurs liturgiques, violettes et blanches. Elles rappellent aux fidèles le voile du temple qui se déchira pour la mort du Christ. Au moment où le texte annonce le prodige, la draperie se partage avec les grondements d'un tonnerre sous les voûtes sonores. L'instinct populaire se passionne pour ces figurations. L'office des Ténèbres, lamentations de trois jours qui forment comme les funérailles d'un Dieu, se psalmodie autour d'un grand candélabre portant douze cierges que l'on éteint graduellement. Ce chandelier, le « Tenebrario » , est ici un chef-d'œuvre de Bartolomeo Morel, haut de huit mètres et qui, dans le style déjà classique du xvie siècle, agence les formes des cercles et du triangle pour porter d'admirables statuettes du Christ et des Apôtres. Le jeudi saint associe le souvenir du don eucharistique au deuil persistant de la Semaine. C'est pourquoi sa couleur liturgique n'est plus le violet, mais le blanc. A Séville, les femmes qui, même dans les plus hautes classes, ont repris la mantille nationale pour les jours saints, la portent blanche aujourd'hui.

Notons en passant que la coiffure des femmes est en grand rapport avec leur présence à l'église ; elles n'y oseraient paraître la tête découverte et vous voyez les petites filles des rues, si elles sont prises tout à coup d'un désir d'entrer à l'église, se voiler les cheveux de n'importe quel chiffon.

Après la grand'messe du jeudi saint, toutes les autorités accompagnent la procession qui porte l'hostie consacrée au reposoir d'Adoration, le « monumento », œuvre d'un ensemble admirable. C'est un véritable édifice de bois peint et doré montant à trente-deux mètres de haut. L'influence de la Renaissance, aussi bien que celle des deux siècles suivants, se retrouve dans les figures plus grandes que nature échelonnant sur ses terrasses la passion et le triomphe du Seigneur escorté d'anges et de Vertus. On en attribue la plus grande part à Antonio Florentin, fils de Miguel, qui travaillait au XVIIe siècle. A part les figures qui gardent les tons naturels de la chair, tout le « monumento » peint de blanc et d'or avec des cernes noirs, évoque une substance paradoxale, pétrie de blancheur et de soleil, analogue à la cire pure qui brûle innombrable alentour. Les balustrades de la première terrasse encadrent le reposoir où trône la « custodia ». Ces ostensoirs espagnols sont de véritables petits édifices d'argent et d'or, si pesants que, dans les processions, ils sont portés sur des chars également d'orfèvrerie. A Burgos, le char eucharistique prend la forme d'une sorte de griffon. En vue de ce mouvement, la fameuse custodia de Tolède, travail gothique de Villalpanda, porte de petites clochettes d'or vibrant à la moindre secousse. Ainsi c'est de l'objet sacré lui-même que vient le signal répété par les sonneries de prosternement. Toujours nous remarquons en Espagne ce désir de mêler l'œuvre d'art à la vie, de lui donner une sorte d'existence individuelle. Le même détail se remarque à d'autres ostensoirs solennels et à des croix de procession.

La custodia de Séville, haute de plus de trois mètres, est le chef-d'œuvre de Juan de Arfe. Ses étages multiples portent d'élégantes statuettes et se terminent par une reproduction de la Giralda. Du bas, entre des statues plus grandes, des chandeliers tiennent des cierges, et des vases portent des bouquets d'oranger atteignant déjà un demi-mètre. Au milieu de cette apothéose de lumière et de blancheur, les fleurs qu'on dirait de neige ardente, encensent la longue adoration d'un parfum qui est comme l'haleine de la terre espagnole et de son soleil. Toutes les lampes d'argent et d'or de la cathédrale ont été dépendues et constellent les différents étages du « monumento ». Celui-ci ne va plus cesser d'être assailli d'une ville en prière. La foule pieusement et innocemment familière, demeurera prostrée dans l'église. Des gens s'endorment par terre la tête appuyée contre les murs ou posée sur une marche d'autel. Le tableau est à la fois pittoresque et poignant. C'est la visite de tout un peuple à son Dieu qui va mourir pour lui ; une visite qui semble vouloir rendre par avance celle que le Seigneur fait ici solennellement à chacun de ses fidèles près de quitter la terre. Elle se prolonge jusqu'au jour avec une grande pitié de l'abandon humain autour de la présence divine. La demeure des hommes, pour cette heure, a été transportée dans la maison de Dieu.

Dans le même besoin d'intimité surnaturelle, de réalisation tangible de son idéal, le peuple a voulu que la liturgie de la rédemption vînt se mêler à sa vie, descendre au milieu des villes, par toute la terre natale, sous le ciel plus profond dans la nuit. Les processions nocturnes sont devenues la célébration proprement espagnole de la Semaine sainte.

Les processions!... Solennité de la marche en commun, joie des désirs et des paroles unanimes, fraîcheur des enfants, choix de jours marqués par les fleurs des saisons! Les rogations entre nos blés verts, la Fête-Dieu dans l'été d'or, ont été longuement traduites par nos peintres et nos poètes. Mais il ne faut pas s'arrêter dans l'admiration. Pour goûter bien le rôle des cortèges religieux en Espagne, il faut découvrir la signification la plus profonde de ceux-ci. Une procession prolonge la grâce de l'autel jusqu'en dehors du sanctuaire, jusque sur les routes des hommes. Dans cette pensée, elle emporte un signe de la présence suprême, d'ordinaire la croix, autour duquel le monde sera renouvelé virtuellement par les encensements qui transforment l'atmosphère, les cierges allumés qui changent le jour, les chants qui harmonisent la rumeur de la vie. Parfois, il y aura encore les aspersions qui consacrent, comme d'un baptême épars, les choses et les gens. Les processions de Séville vont nous montrer ce symbolisme dramatisé par un art populaire et formidable.

Elles commencent avec le soir des Rameaux, se répètent du mercredi au vendredi, le samedi appartenant déjà à la Résurrection. Ma place pour ce premier soir sera au balcon d'une des anciennes maisonnettes qui font face à la cathédrale. Le balcon est assez bas, on y domine la foule et on lui échappe sans être trop séparé d'elle. Autour de la cathédrale s'étagent des espèces de trottoirs où des colonnes antiques à moitié enterrées et réunies par des chaînes font comme une garde d'honneur à l'édifice sacré. Toutes les marches en sont occupées par des gens entassés, les uns debout, d'autres assis. La rue semblait déjà pleine; cependant la foule ne cesse d'arriver encore, de s'écraser avec des cris, des plaintes, des rires. C'est une sensation de mer sous la nuit, et la rumeur, accrue, prend une continuité de flots. Pendant bien longtemps encore je ne fais plus que m'abandonner à son bercement et regarder de temps à autre dans la direction où l'on m'a dit qu'apparaîtra le cortège. Enfin, voici que tout à coup, au-dessus de ce flot noir, comme portée par lui, une grande forme lumineuse et ardente s'est dessinée. Des flammes tremblantes la devancent traçant un chemin d'astre dans le grouillement. Ce sont les pénitents qui, avec un ou deux prêtres par confrérie et quelques acolytes, composent tout le cortège. Ils portent un costume étrange, luxueux et funèbre à la fois, qui reprend la robe et le manteau des ordres militaires, l'insigne brodé sur l'épaule gauche et y ajoute ce capuchon dont la pointe se hausse à près d'un mètre, et retombe jusque sur la poitrine pour dérober la face. Les confréries se distinguent par l'étoffe noire, violette, rouge, bleu céleste ; de velours, de soie, de satin. Un cierge énorme s'appuie à une corde roulée dans ce but, autour de la ceinture de chaque pénitent. Ces cierges se croisant au-dessus du cortège, dessinent une voûte de flammes pareille à cette « voûte d'acier » que, par honneur, on forme parfois en croisant des armes levées. Au-dessus s'avancent les images saintes dressées sur des plates-formes, pavois de triomphe, portés par de la chair pensante, pénitente. Ce sont les pasos. Leurs masses d'argent, d'or et de feu, planent comme des gloires au milieu desquelles souffrent et triomphent Notre-Seigneur et Notre-Dame. D'ordinaire, une centaine de chandeliers d'argent parmi des bouquets d'œillets rouges et des reliquaires entassent leurs cierges devant l'image abritée sous un dais que soutiennent des lances d'argent. S'il s'agit de la Madone, la traîne d'un manteau royal s'étale magnifiquement à l'arrière... Sur d'autres pasos, autour d'une « flagellation », d'un « crucifiement », d'une « descente de croix », des lanternes d'argent aux branches admirablement ciselées, donneront une ornementation plus tragique. Comme la prairie printanière élève ses plus belles fleurs, la foule humaine projette ici, au-dessus d'elle, en parure autour des images, tout ce qui fait la joie et la richesse de sa vie. Des fortunes sont offertes en parure à une seule statue. Quand les images passent devant le balcon, je les vois à les toucher et leurs yeux regardent, leurs lèvres agonisent, les larmes et le sang coulent, le rachat divin accable en tout ce noir plein d'apparitions.

C'est le miracle de l'art d'ici pour la nuit sainte. La foule n'est plus qu'un grand remous et les statues sont devenues l'humanité véritable... *Ecce homo, Ecce mater tua!* Voici l'Homme de douleur, voici la Mère aux sept Glaives, voici tout ce que l'humanité endure et voici tout ce qu'elle espère de vie, de résurrection, de triomphe exprimé par tout ce qu'elle peut offrir d'art et de richesse.

Le choc en l'âme de ces rencontres divines est inexprimable; il se traduit dans la foule d'une façon étrangement poignante, comme d'un cœur qui éclate. C'est une brève chanson, un couplet religieux qui s'élève au passage de tel ou tel « pasos ». On appelle ces chants des « saetas ». Il en est de très anciens; la plupart datent d'un siècle ou deux, mais on en compose encore chaque année. Les airs, lorsqu'ils sont traditionnels, doivent remonter très haut. Leur coupe languide, leur ton aigu, décèlent encore l'influence arabe. Ceux qui les chantent obéissent à un mouvement de dévotion personnelle qui, parfois, provoque le rire même dans cette foule pieuse, s'ils se tirent mal de leur couplet. Ces rires inconscients sont acceptés parmi les libertés nombreuses qu'admet la dévotion d'ici. Ils ne retiennent personne. Parmi les chanteurs de « saetas », vous trouvez des riches comme des pauvres, des hommes d'âge comme des enfants portés aux bras maternels. Voici un vieillard répétant une fois encore de sa voix chevrotante le couplet que lui avait appris sa mère pour une Madone aimée. Sans doute songe-t-il qu'il le lui chante probablement pour la dernière fois sur la terre?

Les processions ne marchent qu'avec une extrême lenteur et ne se terminent pas avant minuit. Comme la cathédrale demeure ouverte du jeudi au vendredi saint, le cortège d'alors y peut passer. C'est un moment sans pareil! L'église semble vide malgré la foule rassemblée autour du « monumento ». Les cierges de celui-ci laissent dans l'ombre les nefs énormes que les « pasos » étincelants traversent comme ces vaisseaux de légende montés par les anges et apportant des images non faites par la main des hommes...

Au soir du vendredi saint, la procession prend le nom de « Santo Entierro », les funérailles sacrées, et change assez bien de caractère. Elle est beaucoup plus longue, avec des statues en quantité, un clergé important et une escorte militaire. Comme toujours en Espagne en pareil cas, les soldats, même sous les armes, gardent la tête nue, la coiffure pendue par la jugulaire. Des groupes de personnages costumés figurent différents épisodes de la Passion : les soldats romains de la montée au Calvaire, par exemple. Tout au contraire, dans les processions précédentes, seules les sculptures des « pasos » représentaient les mystères. Les pénitents ne portaient leur costume spécial que pour garder un anonymat ascétique. Bref, personne ne « jouait un rôle » dans ce qui demeurait une cérémonie et non pas une représentation. La procession d'aujourd'hui vient transformer, pour une minime part, il est vrai, ces processions, jusque-là uniquement religieuses et artistiques, en cortège figuratif. Ce caractère d'infériorité s'oublie pour le milieu où il convient surtout de la voir : la place de la Constitution devant l'admirable hôtel de ville, chef-d'œuvre du style plateresque à Séville, travaillé comme une pièce d'argenterie. Les autorités municipales assistent au défilé dans les tribunes où les chefs des confréries, selon une vieille tradition, viennent tour à tour les saluer et recevoir d'elles l'autorisation du passage. Des flots de lumière électrique gâtent le mystère des cierges. Mais elles éclatent sur de tels joyaux, elles font découvrir une foule humaine si passionnément fervente, qu'on admet le spectacle plus pompeux, moins parfait. Le cœur de la ville grouillante forme cette large coupe noire où vous voyez glisser une dernière fois les groupes rayonnants des « pasos ».

Il est délicieux de se reposer sur quelque terrasse

en attendant une procession finale qu'on nous promet pour dans quelques heures, à la « madrugada », au premier matin. Le vent de la nuit aura bientôt renouvelé l'atmosphère et la cohue sera réduite à une foule recueillie. Voici alors, dans l'ombre et le recueillement de la nuit à son terme, précédée et suivie d'un long cortège de cierges, une seule statue : celle du Sauveur portant la croix, « Christo del Gran Poder ». C'est l'apparition suprême, celle que réalisa Montañès pour faire bondir l'âme de la ville à l'idée du souverain pouvoir de Jésus. Une inimaginable puissance de vie torturée anime le beau visage, les nerveuses mains posées sur la croix. Trois rayons d'orfèvrerie en signe de divinité auréolent la tête chargée d'épines ; la robe pourpre, brodée d'or à en être couverte, proclame la royauté du Sauveur. Comme on comprend que Montanès, au dire des biographes, s'efforçait, à chaque vendredi saint, de rencontrer plusieurs fois l'œuvre qu'il aimait par-dessus toutes ! Une particularité émouvante achève la gloire de l'artiste dans la piété de la ville : les femmes qui ne figurent à aucune procession, suivent celle-ci en grand nombre. Elles y forment le cortège d'arrière. C'est que les femmes, surtout, connaissent le chemin du Calvaire, et s'y peuvent rappeler la Mère divine, le cœur déchiré en rencontrant son fils. On sait que cette rencontre est figurée par toute l'Espagne, au matin du vendredi saint, dans la procession de l' « Encontro ».

Un étonnement mêlé de regret vous vient au soir du samedi saint, le premier où vous n'attendrez plus de procession ! C'est que, contrairement à l'opinion vulgaire, l'intensité d'une émotion semble allonger le temps. Ces soirs vous ont été si poignants, si chargés d'admirations diverses, que leur fin vous blesse comme l'arrachement d'une habitude passionnée. Mais déjà le matin un grand office à la cathédrale devança la résurrection. La bénédiction du feu nouveau, de l'eau et du cierge pascal vous a signifié un renouvellement de la vie par son Dieu. A la grand'messe, les sonnettes et les cloches ont composé une puissante acclamation. Vous avez vu alors, dans la grille du chœur, une partie de ses lianes s'agiter tout à coup comme à un souffle divin et balancer éperdument ses grappes de grelots d'or. Pour renouveler nos regrets, voici qu'à la nuit, sur le parcours même des prestigieux cortèges de tout à l'heure, se déroule une manière de cavalcade où des groupes carnavalesques entourent des figurants de la corrida qui aura lieu demain. Un feu d'artifice termine la fête. On ne semble plus se rappeler ici que ce feu doit conserver une tradition religieuse, rappeler le rite du matin, comme ces chars qui, à pareil jour, viennent s'enflammer devant certaines cathédrales d'Italie.

Fuyant cette kermesse, nous nous dirigeons vers le faubourg de Triana, de l'autre côté du Guadalquivir. Les gens reviennent d'une fête champêtre. Un ivrogne s'écroule contre le parapet du grand pont. Nous franchissons celui-ci et nous voici à la rive de Triana, admirant le panorama de Séville étagé entre l'immobile azur du ciel et le sombre azur fuyant du Guadalquivir. Quelques fusées montent encore; de loin, elles semblent des étoiles plus familières. La lune large luit semant son or au fleuve. La Giralda se dresse au-dessus du plateau qui porte la cathédrale. Du côté gauche, on distingue la lumière des sonneurs se préparant aux carillons de tantôt. Toute noire et pointue, la tour semble le colosse d'un des pénitents d'hier; elle devient l'Espagne gardant au cœur l'étoile de la foi et demeurant immuable au bord des jours qui passent pareils aux flots miroitants.

Il nous serait impossible de nous coucher cette nuit. Comme hier, nous attendrons la « madrugada », le grand matin de deux heures. A ce moment, la cathédrale s'ouvrira pour des matines solennelles rappelant qu'aux premiers siècles les chrétiens passaient cette nuit en prières. Une semaine de solennités nocturnes semble avoir fatigué la foule. Bientôt nous entrons avec quelques rares fidèles dans la cathédrale éclairée des seules lampes liturgiques. Nous les avons vues dépendues toutes pour l'illumination du « monumento ». Maintenant elles ont repris leur ordre et leur ministère dans la demeure où le Maître revient.

C'est une volupté qui vaudrait à elle seule le voyage, l'accueil dans cet immense espace d'ombre sacrée avec, seulement, les vitraux de lune et les lampes d'argent. Leurs petits astres proches et nombreux, envolés, immobiles, jaugent les ténèbres sans les dissiper, idéalisent le sanctuaire dans la pureté des seules lignes essentielles : succession des piliers, élan des fûts en faisceaux gigantesques, approfondissement firmamental des voûtes, largeur du dallage lissé en marée étale, joyaux diminués des chapelles au milieu desquelles rayonnent doucement les clôtures d'or du chœur. Là, des formes blanches devant l'autel illuminé et drapé de blanc, célèbrent le premier office de Pâques, les matines. Après leur chant, une procession blanche encore se forme et vient dans la chapelle de Santa Maria Antigua féliciter la Vierge pour la résurrection de son fils en chantant le *Regina Cœli*. C'est le triomphe de cette filialité céleste qui forme un des plus puissants ressorts de l'âme espagnole.

Au sortir de la cathédrale, le ciel vous semble plus radieux encore avec ses longues nuées transparentes glissant devant la lune. Les cloches de la Giralda ébranlent là-haut leurs calices sonores. Pâques chante en plein ciel l'alleluia divin! La tour de tant de triomphes, la tour où tourne si haut le geste de la claironnante Foi, s'est emparée de la maîtrise de la nuit. Elle n'est plus le pénitent noir au cœur de feu aperçu au lointain; elle est devenue le héraut bruyant de la joie, l'ange du vainqueur de la mort. Voici la nuit de la résurrection après celle de la chair souffrante et du deuil. Dans l'ineffable repos des harmonies parfaites, des ensembles que rien ne dépare, mieux que jamais vous goûtez en art l'ivresse religieuse de Séville. Résurrection : ce mot d'un espoir tel que la pensée de l'homme semble y défaillir, tonne maintenant en clameurs de certitude dans chaque retour des cloches appelant et berçant la ville émerveillée. Conscientes de la plénitude pascale, enivrées des mystères de la nuit sainte, elles ne s'apaisent, jusqu'au jour, que pour recommencer leur chant de quart d'heure en quart d'heure. On écoute et on regarde comme durent le faire les Galiléennes entendant le grand bruit près du sépulcre ouvert. Le Dieu de bonheur, le Dieu qui brise le tombeau, piège de toute vie et de toute joie, s'atteste invisible et présent comme au matin même de son réveil. Les nuées sont l'envol de son linceul vibrant de la terre au ciel à la royauté de son geste. L'apothéose de la *Semana santa* s'achève dans le triomphe de la tour.

La Giralda appartient à la plus pure période de l'art

mauresque et, par son couronnement, à la plus somptueuse de l'art espagnol. C'est, d'abord, un élan robuste et strict, évoquant l'aspect d'un guerrier arabe sous la cotte de maille orfévrée. Les murailles montent droites encadrant de rebords lisses un jeu d'ornements géométriques. Des lucarnes aux colonnes géminées sous une triple arcade en fer à cheval, y sont percées irrégulièrement et, parfois, se rapprochent en croix. Cette irrégularité ne fait que suivre l'ascension intérieure de rampes coupées de paliers, et si larges qu'elles pourraient être gravies à cheval. On s'étonne, après la montée, d'être arrivé déjà jusqu'à la hauteur de soixante-dix mètres, sommet de la tour arabe, où les cloches vous environnent pendues à moitié en dehors des premières arcatures de la flèche chrétienne. La vue est délicieuse. Les toits presque plats de la cathédrale entre les légers fleurons des pinacles dessinent le plan de l'édifice énorme étendu sous nos yeux, tellement au-dessus des demeures humaines ! Alentour, c'est la ville toute légère dans sa joie, la boucle du fleuve impérial ; la plaine d'or ondule au lointain. Des colombes rousses aux ailes bleues, fines de formes, confiantes à cause des nombreux visiteurs, tournoient, planent, s'approchent et s'éloignent sans cesse comme pour vous apprendre la familiarité de ce ciel. C'est ici qu'il faut regretter Séville ! Vous contemplez sa beauté entière avec la certitude de ne bientôt plus la voir. Elle est déjà pour vous l'inoubliable rêve qu'on garde par les jours, s'étonnant qu'il fût vrai. Navré du départ proche, vous errez par la ville vous achetant des fleurs... On en achète ainsi à tous les grands moments, car les fleurs sont notre âme éclose pour une heure. Voici les grands œillets !

Essayons de traduire leur légende, si espagnole par tant de mystère et d'ardeur.

Le nom donné ici aux œillets est celui de « clavos » à cause de la ressemblance du calice fermé avec la tête du clou. Ce nom est adopté en français pour la fleur du giroflier qui présente de nombreuses analogies avec la fleur de l'œillet et notamment celle du parfum. Au samedi de Pâques le prêtre, dans la première heure de la joie parfaite, bénit cinq grains d'encens, auxquels un enveloppement d'or a donné la forme de clous. L'officiant demande à Dieu que tous ceux qui s'en feront des gages de bonheur, comme c'est le cas notamment en Espagne et en Flandre, demeurent abrités sous « la puissance de la Majesté divine ». Le secret d'un tel espoir nous est expliqué par le fait que ces clous d'encens sont fixés ensuite dans le cierge pascal de façon à dessiner la croix où le sang divin écrit toute bénédiction.

La foule, ici, n'est pas moins hantée par l'idée

rédemptrice que les artistes ou les poètes. A Saragosse, le drap funèbre couvrant l'image du Christ au tombeau porte en grandes lettres brodées ces mots d'une prière que l'Espagne répandit dans l'Europe médiéviale : « Sang du Christ, enivrer-nous. » Pendant tout le « santo entierro » ces mots planent sur la ville. L'ivresse du grand rachat amène ainsi d'étranges et puissantes transformations, qu'affectionne le sauvage réalisme espagnol. Les fleurs sont les premières à s'en auréoler. L'œillet pourpre à Séville est lourd du sang divin, son calice offre au cœur la gloire de l'autel. C'est Jésus avec nous saignant parmi les fleurs.

Vous vous rappelez : au bord de la mer froide, grise et nacrée, là où Furnes vécut aussi du grand souvenir, les pâquerettes semblaient des mots de soleil écrits dans l'herbe pour dire l'arrivée du Sauveur rayonnant. C'est ici sa présence enflammant les œillets. Pour saisir ce poème de pensée, il fallait ce voyage, cette attente, ces appels de cloches, ces cathédrales ferventes, l'hostie parmi tant d'or dans une nuit d'encens, l'énigme des processions encapuchonnées, ces fleurs devant Jésus triomphant sous la croix.

L'œillet, à peine aimé aujourd'hui chez nous, fut jadis la fleur préférée des peintres. Il le mérite. Ses tiges sont souples et fermes, presque métalliques, avec ces nœuds imitant des anneaux, ces feuilles légères comme des rubans roulés, des boucles de « cheveux d'ange », selon le mot familier d'ici. Tout le vert de la plante se transfigure par ce velouté, cette invisible poudre glauque, qui semble de l'azur écrasé, une contagion du ciel, un reflet de son bleu dévorant. Dans le calice étroit, profond, surgit l'écume de la pourpre et son âme en parfum. Pour la faire ainsi bouillonner si intense, si radieuse, il a fallu toute cette jeunesse du soleil sur les terrasses haussées près de la Giralda. Comme pour mieux résumer le pays dans Séville et Séville en la fleur, les beaux œillets se diversifieront. Il en est de roses, de jaune soufre, de blancs. Il en est de jaspés, avec des taches, des bordures, des zébrures symétriques, orange, carminées, violettes, presque noires. C'est la neige des sierras, le deuil sacré avec le sang et l'or, les couleurs de l'Espagne, une gamme de tons disant son grand cœur passionné ! Emportez dans l'œillet l'âme en fleur de Séville.

L'INFANTE MARIE-THÉRÈSE

Tableau de Velasquez. — Musée du Prado (fragment).

MADRID

ET LA PEINTURE ESPAGNOLE

Madrid n'est au premier abord qu'une déception pour le voyageur, rebuté par sa banalité moderne. Il faut y savoir conquérir une surprise d'autant plus précieuse d'avoir été différée. Vous découvrez alors dans cette ville cosmopolite la vraie capitale du pays présageant son avenir par les promesses de son passé. Le musée du Prado raconte la gloire d'un art autonome ; la petite chapelle de San Antonio della Florida résume dans sa décoration la beauté d'une race ; le palais dont la hauteur regarde au loin l'Escorial nous impose l'idée d'un patriotisme continuant à dominer la vie et la mort.

Il est peu d'émerveillements aussi brusques que l'arrivée au Prado. Les toiles s'offrent à vous dès l'entrée sans vestibules, dans ce palais d'architecture insignifiante mais plein de chefs-d'œuvre à vous faire croire qu'il en déborde. Étourdi de tant de richess s (il y a ici plus de deux mille tableaux), on fait effort pour s'y reconnaître. D'abord on se promène comme pour inventorier le rêve humain... Et voici que dans les images les plus simples ou les plus ingénieuses de composition, les plus savantes ou les plus naïves de facture, une sorte de classement s'opère. Vos yeux, d'instinct, ont déjà séparé l'art espagnol des écoles étrangères, et cet art, vous lui avez découvert un trait commun, un trait de race, qui persiste à travers les époques et les styles.

Notre visite au Prado ne prétend qu'à nous confirmer dans cette impression sans vouloir suivre toute l'évolution complexe de l'école.

Les caractères généraux de celle-ci ne seraient-ils pas exactement opposés à ceux que Fromentin relève chez les Hollandais? A la volonté têtue de se restreindre aux scènes de la vie ordinaire et aux objets usuels, au parti-pris d'exclure le plus souvent la fable et la légende, opposez l'amour de toute la réalité au service de toute la pensée et de toute la mémoire humaine; à la simplicité bourgeoise, substituez cet esprit d'aristocratisme qui ennoblit tout ce qu'il touche : vous aurez le faste de l'art espagnol, familier et violent, son inspiration réaliste et mystique.

Comme il existe une tendance générale pour la composition, il s'en marque une aussi pour la technique, dessin et coloris. Ce dessin sera toujours large et précis plutôt que minutieux et détaillé. La couleur dont il se relève ira surtout du noir au blanc par l'or qui est une lumière, et par le bleu céleste et acide qui n'est pas seulement la « valeur » correspondante du jaune d'or, mais l'azur complémentaire de ce soleil. Les matités noires de Moralès « le Divin », d'Antonio Moro, de Velasquez, commencent dès les primitifs. Les éclats de palette montrent une race qui exige la couleur comme un intrinsèque des substances où le dessin n'étreint que le contour.

Dès les miniatures dont les compositions si originales ont influencé ces premiers ouvrages catalans passionnément étudiés aujourd'hui, la peinture espagnole apparaît donc soucieuse avant tout de vérité en même temps que de noblesse. Bientôt son contact avec l'Italie se trouve contrebalancé par les influences du Nord que domine celle de la Flandre. Dalmau, un des premiers grands peintres indigènes, avait passé plusieurs années en Belgique; la Madone conserve avec lui un type local. A Valence, Jacomart Baçô est hanté par l'art de Van Eyck dont il ne faut pas oublier le voyage en Espagne et en Portugal; Gallegos de Salamanque rappelle plutôt Roger de La Pasture et Bouts, tandis que Rinçon subit l'emprise italienne. Il se garde cependant Espagnol avant tout, s'il faut lui attribuer ce portrait aristocratique et pittoresque des « Rois catholiques Ferdinand et Isabelle en prière devant la Vierge », que nous montre ici le musée. Bermejo, tout au contraire, rappelle à Séville la manière flamande qu'il vint peut-être étudier dans le pays. Le caractère indigène de la peinture espagnole ne ressortira que mieux lorsque, au XVIe siècle, les écoles de chaque province perdront de plus en plus leur particularisme avec le mouvement de la Renaissance. C'est d'abord en de froides compositions classiques que celui-ci prépare la stupéfiante éclosion du « siècle d'or » tout particulièrement sollicitée par l'exemple des Rubens et des Van Dyck. L'on constate facilement que les peintres belges sont ceux qui correspondent le mieux au génie espagnol et en suscitèrent les plus belles heures. Rien d'instructif à cet égard comme l'évolution d'un des maîtres de la peinture religieuse, Luis Moralès, surnommé « le Divin ». Il suit d'abord l'exemple de son époque en se préoccupant des grands Italiens qu'il quitte, cependant, la maturité venue, pour rappeler les primitifs flamands! C'est bien l'esprit de ceux-ci en effet que nous retrouvons dans les figures recueillies, immobiles, disant la maternité et le martyre de Marie, la passion du Sauveur. Il leur ajoute un sens plus grand de l'équilibre, un souci nouveau d'exquisité surhumaine et de majesté divine. Son dessin délicat, précis, ému, son coloris aux ombres bleues et noires avec des lueurs dorées possèdent une intense ferveur. Moralès est l'Angelico sombre de la sombre Espagne.

Les Herrera se sont épris tous deux du modelé italien qu'ils enveloppent de clair-obscur; mais les procédés d'école se relèvent chez eux d'un besoin d'horreur et de terreur, qui est encore bien de terroir. Ribera vient exalter superbement cette veine tragique que Zurbaran tempère de blanches robes de moines, des lumières de leurs visions radieuses faisant oublier le martyre ascétique. Au Prado, vous voyez d'admirables portraits avant ceux de Velasquez; si espagnols par leur morgue ingénue, leurs tons de nuit et de flamme, ils sont pourtant l'œuvre d'un Néerlandais formé par Anvers, influencé par Le Titien comme Greco et, comme lui, « nationalisé » par l'Espagne : Antonio Moro. Son élève madrilène, Pantoja de La Cruz, ne fut pas mieux conforme à la race que lui. Avec quelle réalité il fait vivre les purs et hautains visages, les mains fines, parmi le faste d'un costume (fraise, étoffes brodées, perles et gemmes), ne laissant du corps qu'un redressement d'orgueil !

Cette période nous ramène au Greco dont le musée renferme une très nombreuse série de toiles énigmatiques et captivantes comme tout l'œuvre du peintre que nous avons pu étudier mieux encore à Tolède dans son aspect mystique. Affolé par la recherche d'un art uniquement voué aux ravissements et aux extases, il sacrifie, nous le savons, la plus grande part du coloris, notamment toute la gamme bleue. Ces simplifications ne sont pas, du reste, sans valeur technique, et l'on ne peut douter qu'elles n'intéressèrent Velasquez tout comme elles avaient été d'abord encouragées par les audaces du Tintoret.

Dans Greco, nous avons trouvé un de ces peintres dont l'art sert une forme particulière de pensée. De même, Botticelli fut un poète de la grâce des corps et de l'affinement des âmes; Michel-Ange, un prophète des destinées humaines; Rubens, un lyrique de la matière et de la chair. Velasquez n'existe que par et pour la seule peinture, en se faisant de celle-ci un sens nouveau duquel on peut dire qu'il réalise une abstraction des apparences par le souverain pouvoir des formes et des couleurs. Il doit tout au métier et lui donne tout. Par lui, nous voyons pleinement quelle merveille c'est que le jeu des lignes et des nuances. Un peu de terre ou de métal broyé, sous le maniement d'un pinceau, y suffit pour asservir à l'homme les prestiges de la lumière, la profondeur du ciel, la variété des paysages, le mystère des physionomies, toute l'aventure des siècles et toute celle des esprits. D'origine portugaise par son père, Velasquez se révèle Sévillan par l'influence toute puissante de la mère dont il adopte de préférence le nom. Des dispositions exceptionnelles en font une manière d'enfant prodige. Au lieu d'en profiter pour les virtuosités faciles, il se fait l'élève scrupuleux et tenace de cette réalité qui domine l'âme du pays. Il sera illustre qu'il se sentira contraint encore sitôt qu'il ne peut plus interpréter directement le modèle. Une inlassable analyse constitue toujours la rançon de sa synthèse. Mais comme cet œil et cette main sont sûrs d'eux ! Nous n'avons presque pas de dessins de Velasquez ; la forme comme la couleur sortirent bien vite de la seule puissance de son pinceau. Il ne songe aux enveloppements d'atmosphère qu'après l'étude passionnée des objets considérés dans leur maximum de « visibilité ». Il préfère d'abord les ranger simplement devant lui, de façon à les voir le mieux possible, de même qu'en pleine maîtrise il alignera encore monotonement les uns à côté des autres les si « réels » buveurs de cette assemblée inutilement placée sous l'évocation de Bacchus.

Nous trouvons ici, dans une école nouvelle, la formule encore des gothiques pour lesquels le postulat d'une atmosphère de cristal venait favoriser l'étude forcenée du rendu. Pour Velasquez, c'est plus tard seulement que la lumière, la merveilleuse lumière du plateau madrilène, formera le principal apport d'idéal dans ses œuvres, avec ce qu'on pourrait appeler la spiritualisation des apparences par leur suprême traduction. La rencontre de Rubens, qui n'est pas moins passionné du vrai, mais qui joint à ce culte une telle gourmandise des yeux, un tel faste ingénu, l'éclaire sans le changer. Il suit son conseil, va en Italie étudier les factures diverses, en neutraliser les défauts les uns par les autres. Bientôt, en effet, Velasquez possède si bien les recettes d'écoles qu'il ne s'asservit à aucune et revient en Espagne continuer le sérieux apprentissage de lui-même. En même temps, il partage la plus haute vie sociale, celle de la cour. Cette cour dont l'aspect seul fera fuir Murillo, il en vécut, il en mourra. Pendant plus de trente ans, dit son biographe et beau-père Pacheco, il jouit « d'une faveur presque sans exemple ». Dans l'atelier du peintre, le fauteuil du roi attend toujours Philippe IV qui aime venir là comme auprès d'un ami qui est aussi le plus hautain des serviteurs. L'allure de l'artiste combinant en froideur et en bonne grâce l'affirmation du rang, frappe les contemporains. Son flegme maintient autour de lui cette distance qui assure l'indépendance du geste, même à l'égard d'un maître aimé. En effet, alors que Velasquez se trouve pour la seconde fois en Italie, un ordre royal de retour le fera obéir au bout d'une année seulement. Du reste, il ne se réserve que pour mieux se donner.

Rubens, admis également dans l'intimité des princes, se dévoue à leur service en toute loyauté, mais il se garde aussi à lui-même avec l'instinct pratique du Flamand. Dès qu'il verra ses services moins nécessaires et qu'il jugera en avoir fait assez, il demandera sa retraite et passera ses derniers jours dans l'enivrement heureux de l'art, de la campagne et du nouvel hymen avec une femme jeune et jolie comme l'avril flamand. Au contraire, Velasquez s'épuise dans la vie de cour sans paraître admettre la possibilité d'une libération. Les tracas de sa nomination tant discutée dans l'ordre de Saint-Jacques, le surmenage en vue des fêtes de l'île du Faisan, achèvent de le briser. Il y succombe à soixante ans et le roi écrit sur un rapport qui nous est parvenu : « Je suis affligé. » Sans doute, Velasquez mourut-il satisfait dans l'attente de ce mot qu'il dut pressentir. Le service de Sa Majesté Catholique est encore un ascétisme espagnol.

Ces laborieux honneurs avaient, au reste, tourné à l'avantage de son art. Ils lui permirent d'étudier les plus riches et les plus graves costumes, les plus nobles et les plus tristes visages. Il fixa des moments décisifs de l'histoire. En Velasquez s'accomplit de la sorte l'accord d'une insurpassable maîtrise avec une des plus hautaines civilisations qui furent jamais. Il ne voulut rien traduire qui fût en dehors d'elle ni même exalter les rêves dont elle soutenait sa morgue. Mais il sut l'exprimer avec une telle force que la rencontre d'un génie et d'un monde si semblables l'un à l'autre devient stupéfiante comme une sorte de miracle du destin.

Voici la salle du Prado réservée à son œuvre : si tous les tableaux du monde venaient à disparaître à l'exception de ceux qu'elle enferme, la peinture n'aurait rien perdu d'essentiel. A ma première visite, j'ai passé trois quarts d'heure devant le portrait d'une infante, construit sur la seule gamme des ors et des rouge corail. Presque aucun effet de lumière ; Velasquez n'a pas besoin d'isoler une part de celle-ci, de l'entourer d'ombre, pour nous en faire sentir le pouvoir. Chez lui, elle ruisselle en flots de profondeurs différentes sur tout le tableau, et partout sa transparence égale son éclat. Dans cette pure atmosphère, les couleurs chantent, s'appellent, s'animent réciproquement. Chaque nuance est exquise et accordée à la valeur de toutes les autres. On ne se lasse pas d'apprécier la qualité d'un seul ton, ni de constater comment ce ton se transforme, se module, voudrait-on dire, pour entrer avec son maximum de vibration dans l'harmonie de l'ensemble. Le dessin vaut la couleur.

Voyez le portrait équestre du jeune prince Balthazar Carlos. Combien la forme sobre et vivante des petites nuées claires du ciel s'accorde avec l'envol de l'écharpe, les plis, au loin, des montagnes, les zones du terrain pour donner la même impression d'agilité heureuse que le coloris vous communique par cette gamme des roses et ors, accompagnée en sourdine par le double chœur des gris-jaune et des brun-vert! Et quelle maîtrise aussi dans l'ordonnance! Voici (triomphant au fond de la salle) la célèbre *Reddition de Breda :* « Las Lancas », « Les Lances ». Après que vos yeux ont subi l'attrait irrésistible de ce ciel d'argent si fin, de ce paysage si largement détaillé, peuplé de lointain, de ces personnages en un tel accord de couleurs et de lignes, votre esprit se repose dans l'aisance de la composition. Celle-ci ne s'enfle pas d'emphase, ne se guinde pas de raideur; elle groupe les gestes des hommes et ceux du destin dans leurs rapports profonds et sans qu'il ait fallu y introduire une feinte quelconque. *Les Fileuses,* une réunion d'ouvrières dans un atelier, devient pour Velasquez un spectacle noble à évoquer les Parques.

La virtuosité du peintre s'affirme bientôt dans une manière dite « abreviado » arrivant au rendu complet par le minimum de moyens. C'est en cette facture synthétique qu'il nous a laissé son portrait au milieu de la cour immortalisée par lui. Nous le reconnaissons en effet, debout devant la toile sur laquelle il se prépare à représenter une infante entourée de ses filles d'honneur, de ses naines, de ses animaux familiers. On remarque sur le pourpoint la croix de chevalier qu'une légende charmante autant que fausse prétend peinte par le roi lui-même, voulant honorer le grand homme qu'il traitait en ami. Grâce au reflet d'un miroir, vous voyez les souverains arrivant près de l'artiste. Il est curieux de trouver ce procédé cher aux primitifs employé ainsi en plein siècle d'or. Velasquez s'accommode à l'humeur royale en peignant les « déchets d'humanité », les monstres douloureux qui formaient jadis d'étranges jouets de cour. C'est l'attrait élémentaire pour l'anormal et le rare que la foule suggéra aux « maîtres drôles » de Flandre, aux Bosch et aux Breughel, comme les grands l'imposèrent aux peintres d'Espagne. Mais qu'importe la laideur au maître qui de toute réalité sait extraire la beauté supérieure de l'œuvre d'art? C'est avec cette sorte de détachement altier que Velasquez aborde le nu féminin.

Le nu lui apparaît comme la suprême affirmation de cette matière que l'esprit de la race veut pour « formule » de toute idéalité. Rappelons-nous les deux plus beaux nus de l'École espagnole, la *Vénus* de Velasquez, de la National Gallery, et la *Maja* de Goya qui se trouve ici au Prado. Comparez-en l'esprit à celui des nus de Rubens traduisant l'École belge, ou à celui des nus de Boucher, résumant tout le XVIIIe siècle. Le Flamand y fait apparaître surtout l'exubérance de la vie; le Français en dégage uniquement la grâce attirante. Les

Espagnols, en faisant tous deux resplendir l'allongement des chairs lumineuses comme un étirement d'onde au soleil, imposent seulement l'idée d'une matière précieuse, la plus précieuse de toutes. Malgré les rigueurs ascétiques de la race, et à cause aussi de ces rigueurs, la chair sera intrépidement et paisiblement offerte à l'âme. Nécessairement rare dans une telle atmosphère morale, le nu féminin n'en est pas moins accepté très tôt et avec un rare éclat dans les compositions religieuses, par exemple dans le fameux retable de sainte Thècle à Tarragone qui est du xve siècle. Le réalisme foncier de la race s'accuse encore une fois ici comme dans les brutalités de langage du Romancero, qui préparent, en réaction, les afféteries du gongorisme. Cette gravité ingénue persistera jusque dans les plus libres fantaisies de Goya, et peut-être faut-il en voir une dernière trace chez quelques « cubistes » espagnols d'aujourd'hui.

Le Prado nous montre encore deux merveilles qui suffiraient à prouver combien Velasquez fut aussi un grand peintre religieux. Voici le fameux *Christ en croix*. Le visage est caché dans l'ardente nuit de la chevelure retombant en voile comme pour dire le départ de l'âme. La pâleur lumineuse du corps divin rayonne dans une sorte de crépuscule. Velasquez aime cette lumière du soir, ces rayons comme détachés du jour et qui semblent s'attarder parmi nous en illuminations diffuses, sommaires et profondes, analogues à celles qui s'éveillent dans les âmes aux approches de la grande nuit et de sa grande clarté. Cet éclairage qui est celui du crucifix du Prado sera celui encore de plusieurs toiles évoquant la Passion. Au contraire, le *Couronnement de la Vierge au Ciel*, composé comme on sait pour une chapelle palatine, apparaît tout empourprée des flammes d'un couchant. On croirait que le maître, au déclin de ses jours, voulut son propre soir en hommage à Marie.

Murillo était sans naissance alors que Velasquez appartenait à une ancienne famille. Ce premier contraste s'accuse dans l'art des deux peintres. Pourtant, si Murillo est du peuple, il l'est à la mode d'ici, avec une dignité simple et foncière qui tient qu'être Espagnol, c'est être noble un peu. Au lieu de s'exaspérer en faste ou en réserve, cette dignité demeure chez lui familière, accueillante à toute la vie. Il peint, comme il aime, tout ce qui se présente à ses yeux, et il le peint en acceptant l'émotion entière de chaque objet. Lorsque Velasquez représente des êtres repoussants, c'est en artiste, sans s'y intéresser autrement que comme à des motifs pittoresques. Au contraire, Murillo traduit les plus misérables et les plus douloureuses figures en leur donnant, dans l'ensemble expressif, un rôle qui montre sa sympathie de chrétien autant que sa curiosité de peintre. Il aime les réchauffer de soleil et, plus encore, les rapprocher des saints qui guérissent les corps et raniment les âmes. Les saints bienfaiteurs sont parmi les sujets qu'il affectionne. La vie familière et riante l'attire surtout; il en a projeté la douceur en plein ciel.

Ceci encore est du peuple, lequel éprouve davantage le besoin d'un idéal de paix et de tendresse, en contrepoids à son abandon. N'est-ce pas une des causes qui le rendent si sensible au charme de l'enfance, richesse, luxe, joie et beauté des plus misérables? Chez Velasquez, les enfants royaux affectent une gravité de « grandes personnes ». La cour renie ces petits êtres en les raidissant de faste ou en les avilissant en caricatures; rappelez-vous les nains. Murillo aime l'enfance, depuis la plus misérable, celle qui, en haillons, se nourrit de restes jetés dans la rue, jusqu'à l'enfance divine faisant de sa faiblesse candide l'humilité de l'Éternel. Avec les « Immaculées », les « Petits Jésus » forment un des motifs préférés du maître, un de ceux pour lesquels il semble avoir choisi sa manière, cette atmosphère d'aurore, cette touche aérienne, suprême délicatesse de son pinceau. La grande galerie du Prado montre *les Enfants à la Coquille,* « La Concha ». C'est une composition qui vous semble banale si vous la connaissez seulement par quelqu'une de ses innombrables reproductions. Devant l'original, vous subissez un charme rare. La grâce des petits corps assouplit toutes les lignes de la composition. Le coquillage nacré que le Sauveur tient à la main semble iriser le coloris de la toile entière que l'on dirait peinte avec de la perle dissoute.

Le peintre aime aussi représenter l'agneau, symbole vivant de Jésus et son nom mystique. C'est que le peuple de chez lui s'attarde à ses grâces. Ce peuple terrible qui se réjouit des massacres par jeu ou par justice veut cet emblème de douceur heureuse à côté des enfants. Certains jours, il est encore d'usage ici de leur offrir ces jouets quasi sacrés, et des foires se tiennent à cette fin dans différentes villes aux alentours de Pâques. Murillo, une fois de plus, ne fait qu'apothéoser d'art un spectacle courant de la vie populaire.

L'enfant pauvre au soleil, le divin enfant auréolé, témoignent de ce besoin d'une lumière nouvelle ajoutée à la douceur même du ciel de Séville. Cette clarté d'allégresse, il semble bien qu'aucun peintre ne l'ait su imaginer comme Murillo. Le rayonnement céleste lui appartient.

Il inaugure sa troisième manière, la vaporeuse, en emplissant de cette lumière surnaturelle l'énorme toile de la *Vision de Saint Antoine de Padoue* à la cathédrale de Séville. On peut dire qu'elle est faite uniquement pour le jour nouveau dont l'Enfant divin devient le radieux soleil. Dans le plus beau, à notre gré, des tableaux du maître, l'apparition à saint Félix de Cantalice, au musée de Séville, la Madone est venue apporter cet enfant divin au vieux moine qui le tient dans ses bras avec une ineffable expression d'extase. Le peuple espagnol a si bien compris le caractère familier en même temps que surhumain de cette joie qu'il a donné au tableau un titre délicieux : *Les Deux Amis*. Il y a là une bonhomie dans le sublime, une cordialité dans l'adoration, qui ne peuvent se rencontrer qu'ici.

Nous retrouvons encore un instinct populaire chez le peintre dans le souci d'une noblesse acquise, la confiance un peu naïve accordée à l'affinement d'autrui. N'est-ce pas ce qui fit accepter à Murillo (mais non à Velasquez) une part de ces formules italiennes banalisant le style, facilitant une majesté d'emprunt? Le plus souvent, la maîtrise est telle chez Murillo, qu'il peut admettre ces formules sans dommage pour la vérité unanime de l'œuvre. Nous les surprenons jusque dans l'ordonnance de la *Sainte Élisabeth,* jusque dans les personnages secondaires du *Saint Thomas de Villeneuve* au musée de Séville, l'œuvre préférée du maître, dit-on. N'était-ce pas qu'il s'applaudissait ingénument d'avoir pu y introduire le mieux cette pointe de majesté étrangère et conventionnelle? Pareille influence nous fait prévoir les élèves qui ne garderont plus que l'armature dangereuse, le poids mort d'artificiel et rendront la décadence de l'École espagnole, après Murillo, aussi rapide que celle de l'École belge après Rubens.

La sincérité de Murillo avait pour base l'attachement au réel, loi de son milieu. Même pour ses plus célestes « Immaculées » il copie un modèle en lui gardant tout le caractère local. Le souci de réalité en même temps que de mystère n'avait cessé, en Espagne, de réunir, pour la figuration de la Madone, le plus de beauté pure et tendre. Son image y demeura toujours d'un charme impérieux, soit qu'elle nous montre la Vierge mère dans les joies de l'enfance divine, ou bien le cœur déchiré par les sept glaives. Avec le grand sculpteur Montañès, encore son contemporain, Murillo fut le principal créateur d'une nouvelle figuration de Marie, celle qui l'évoque comme l'Immaculée, dans le rayonnement de sa splendeur originelle. La vision de Jean à Patmos, la Vierge en plein ciel, couronnée d'étoiles, drapée de soleil, triomphant du dragon et planant sur le monde gouverné par son Fils divin, se fixe alors dans une image délicieuse, vers laquelle l'humanité chrétienne s'est élancée tout à coup comme vers le « grand signe » de bonheur. De nombreuses œuvres de Murillo répétant le même motif font surgir peu à peu une figure de beauté parfaite. Toutes les Madones du peintre ont les yeux énormes, le nez court, la bouche étroite, le visage allongé de la Sévillane. Une harmonie supérieure s'achève dans un petit nombre de toiles par plus de jeunesse, d'extase, de joie souriante. Enfant et femme, vierge et mère, toute pureté, amour, miséricorde, la Madone de Murillo transfigure la beauté espagnole par une sainteté sans ombre.

Les deux grands peintres renaissants de la Vierge, Raphaël comme Murillo, ne firent donc qu'idéaliser la femme qu'ils avaient sous les yeux. Mais Raphaël veut atteindre la perfection de la beauté profane en même temps que la signification évangélique. Murillo, au contraire, va directement de la réalité vulgaire à sa transfiguration céleste. Ainsi les Vierges de Raphaël s'idéalisent de régulière perfection; celles de Murillo se spiritualisent d'émotion surhumaine, de tendresse sacrée. Elles ne se séparent pas de la grande légende médiévale et sourient aux supplications des plus misérables.

Plus significative encore serait la comparaison des madones de Murillo avec les plus belles de Van Dyck, celles de la période anglaise. On trouverait dans les œuvres du second une réalité si affinée qu'elle en devient céleste ; dans celles du premier, une spiritualité si vivante qu'elle descend de son ciel jusqu'au milieu de nous. Vraiment, Murillo correspond à l'exquisité de Van Dyck ; mais c'est par une exquisité toute espagnole, andalouse et qu'on voudrait dire brune autant que l'autre blonde, étant entendu que ces nuances ne sont pas seulement pour l'œil, mais pour l'esprit.

Le même rapprochement pourrait aider à faire mieux comprendre la vie et l'art de Murillo, qui semble le Van Dyck de l'Espagne comme Velasquez en fut le Rubens. Il faudra noter cependant que la grâce de Van Dyck est aristocratique, la force de Rubens populaire, et qu'ainsi les termes de la comparaison se renversent chez les deux Espagnols. Pourtant, c'est bien de Van Dyck que procède le populaire Murillo.

Alors que le jeune Sévillan n'a pas assez oublié encore la peinture presque « industrielle » des Sergas, ces toiles enluminées qui furent un des premiers soutiens de sa misère, il rencontre Pedro de Moya dont l'aventure forme un curieux exemple de l'influence générale des flamands et de l'attrait des Espagnols pour la couleur. Pedro de Moya, venu se battre en Belgique, y est tellement ravi par les œuvres des grands Anversois que, après en avoir copié le plus possible, il s'embarque, va rejoindre Van Dyck en Angleterre et ne se décide à revenir en Espagne qu'à la mort du maître. Murillo étudie passionnément les copies rapportées par Moya, puis se rend à Madrid où Velasquez lui facilite l'accès des collections royales dès lors encombrées par les œuvres des Flamands. Du coup le jeune artiste renonce au traditionnel voyage d'Italie, ayant trouvé dans leur coloris éclatant la leçon de sa propre lumière, transfiguration paradisiaque de l'atmosphère de Séville.

Velasquez, dans l'air lumineux du plateau madrilène, purifié aux vents de la Guadarrama, traduit un monde purement réel. Murillo, dans la douceur du ciel andalou, exalte d'infini le charme épanoui de la ville radieuse.

La tendre ferveur de l'atmosphère d'or va régler jusqu'au choix de ses sujets. Captif ainsi du ciel natal, Murillo renonce à Madrid, au palais où sa place semble marquée. Mais son humeur peuple s'effraye de la cour, de ses intrigues, de sa morgue. De même, son art préfère aux tragédies douloureuses du Calvaire les douceurs de l'enfance divine, la maternelle royauté de la Vierge. En effet, les crucifix sont relativement rares dans l'œuvre du maître. Il en est un, ici, au Prado, véhément. Il en est un autre à Séville, qui forme, pour nous, un des trois plus parfaits chefs-d'œuvre du peintre, les deux autres étant le *Saint Félix* et la plus belle des Immaculées du Prado, celle qui tient les mains jointes et ne porte pas d'écharpe bleue.

Qui douterait de l'énergie expressive du maître n'aurait qu'à retourner au musée de Séville pour ce passionné *Saint François d'Assise embrassé par le Christ en croix.* C'est l'étreinte de Dieu et de l'âme espagnole. Avec quelle puissance le peintre a matérialisé ce geste éblouissant par lequel l'âme d'ici exige de toucher jusqu'au cœur de son Dieu ! La toile, malgré l'époque et le lieu, se place à côté de la statuette de Pedro de Mena qu'elle vient illuminer d'apothéose. Après le pénitent dominant l'univers, voici, aux bras de Dieu, le moine extasié. Le suave Murillo pouvait seul achever de nous dire l'effusion mystique de son peuple.

Murillo ne doit-il pas nous apparaître maintenant comme le séraphique de la peinture espagnole, et Séville, avec la plaine andalouse, comme une Ombrie de l'Espagne ? Le maître adopte intégralement et presque exclusivement la légende franciscaine. Si le hasard le fait débuter par la décoration d'un cloître franciscain, ce hasard demeure en lui par des prédilections incontestables. Bien plus que chez l'austère Giotto, nous trouvons en lui la fleur de l'esprit franciscain : le sens de la pauvreté, la joie du renoncement qui se fait tout à tous. Et, en gage de cette charité, voici la Vierge échappant au mal pour mieux illuminer le monde d'une protection maternelle, l'Enfant divin, tendre jusque pour les animaux, le Crucifix dont la main étreint celle du saint selon les armoiries ferventes de l'ordre séraphique.

Du coup, on comprend toute la longue existence du peintre, uniquement vouée à Séville, voyant la sainteté et le miracle éclore familièrement dans les humbles intérieurs comme au milieu de la foule qui lui fournit les modèles de ses figures les plus surhumaines. C'est dans un couvent d'ici que sont descendus les anges du Louvre, faisant la cuisine pendant l'extase du convers et qui ne sont pas moins réels que les écuelles remplies par eux de mets célestes. Voici une rue sévillane dans laquelle saint Jean de Dieu, essayant en vain de ramasser quelque misérable, est aidé par un ange encore. Le croissant aperçu entre les terrasses semble regarder aussi curieusement que les deux têtes penchées à une fenêtre et s'émerveillant des grandes ailes dans la nuit. Ces ailes, Murillo les devine sans cesse, faisant vibrer l'atmosphère des hommes à l'ineffable tendresse d'en haut. Une sérénité lui demeure, si instinctive qu'elle ne s'assombrit même pas dans la fréquentation de Miguel de Mañara, le légendaire Don Juan que les morts revenus purent seuls arracher à ses crimes fameux comme sa pénitence, et non moins farouches. Il était le chef de la « sainte Confrérie de la Charité » dont Murillo voulut faire partie, et lui-même commanda au peintre les grandes compositions bibliques entourant la tombe anonyme du « pire homme qui fut jamais ».

Mieux que par aucun mémorial, Murillo nous est gardé vivant par tout Séville qu'il aima si exclusivement et dont ses œuvres traduisent l'âme enivrée. Vous retrouvez aujourd'hui sa joie, sa cordialité, sa ferveur, dans les enfants toujours riants au soleil, les fillettes qui vous offrent comme à lui des fleurs, les misérables pareils à ceux de la *Sainte Élisabeth*, du *Saint Thomas de Villeneuve*. Jusqu'à sa fin, amenée par la chute d'un échafaudage alors qu'il peignait dans la cathédrale de Cadix, il erra par les rues enchantées d'allégresse et dans les noires nefs éclairées d'encens, souriant et priant tour à tour.

Une des églises de Séville, celle, disparue, de Sainte-Croix, renfermait une œuvre belge qu'il aimait entre toutes : la *Descente de Croix* de Campagna « le Campinois ». Il passait de longues heures devant elle en prière. Un jour, le sacristain, désirant fermer l'église, demanda au peintre ce qu'il attendait pour s'en aller. Murillo répondit : « J'attends qu'ils aient fini de Le descendre de la croix. » Ce mot célèbre n'est pas seulement un hommage à la vérité de l'œuvre et au souci de réalisme de l'art en Flandre comme en Espagne ; c'est aussi un témoignage à l'émotion que cette réalité excitait dans l'âme de Murillo, sans cesse comme enivrée par la douceur de la vie, mais avec l'attendrissement de la divine douleur et l'attente de la céleste lumière. Il voulut être enterré là même, en sorte que cet art flamand, qui avait éveillé la vocation du jeune peintre, fut encore désigné par lui pour garder la tombe du vieux maître glorieux. Murillo, d'abord aveuglément célébré par la mode, injustement méconnu ensuite, attend peut-être encore d'être compris dans l'essence de son inspiration admirable. C'est le peintre unique de la beauté, de la grâce, de la femme, de l'enfant, des pauvres, des humbles, du joyeux soleil, des clartés d'extase ; le franciscain, le séraphique de la peinture espagnole, plus tendre qu'aucun Italien au milieu de cette école véhémente !

Après Velasquez et Murillo, c'est le déclin immédiat. Goya paraît au plein de la décadence comme l'éclair d'un de ces orages surgissant aux confins des saisons. De fait, son éclat imprévu, sans préparation et sans prolongement, caractérise la fin de l'ancien régime. Malgré l'ineffaçable empreinte religieuse, cette crise connaît ici, de même que partout, la molle ivresse avant le réveil furieux. L'œuvre de Goya traduit le double mouvement. C'est l'état moral que révèlent en France les « Fêtes galantes », à Venise le carnaval illustre, partout le tourment délicieux d'une sorte d'accalmie des devoirs, avec tant d'étranges fleurs du mal, fleurs d'orage et fleurs de ruines.

Comme Velasquez, Goya se montre enfant précoce. Comme lui, il va à Rome et en revient plus espagnol encore. Il aime à répéter : « Je dois tout à la nature et à Velasquez. » Comme son maître, il sera un ouvrier prodigieux ; enfin comme lui encore, il arrivera bien vite au comble du succès et de la faveur royale.

Sa manière ne présente ni l'épanouissement régulier admiré chez Velasquez, ni les étapes successives voulues par Murillo. Mettant à profit les leçons de ses devanciers, Goya est rapidement en possession d'une virtuosité qu'il se contente de transformer selon la nature du sujet et qui lui fera rencontrer aussi bien les défaillances encore géniales que les réussites invraisemblables. Il semble souvent peindre avec du feu et du soleil, comme par exemple, dans les compositions appartenant au marquis de Villalobar à Bruxelles. Son coloris occupe, dans l'échelle harmonieuse des couleurs, des intervalles très différents de ceux préférés par Velasquez. Celui-ci, avons-nous vu, aimait surtout aller du bleu vert au vermillon orange. Goya affectionne les intervalles du bleu franc au carmin. Cette différence de ton dans l'accord si important des bleus signifie une dissemblance entière de palette, un écart déjà de la vision nationale. En effet, selon qu'on rapproche le bleu soit du pourpre qui l'assombrit ou bien du jaune qui le hausse dans la lumière, une direction différente pourra s'imposer à tout le coloris. Vérifiez en comparant par exemple les bleus rares de n'importe quel Velasquez à ceux plus communs du portrait de Guillemardet, par Goya, au Louvre.

L'inspiration de Goya s'écarte aussi de celle de ses devanciers. Malgré l'heure trouble, l'Espagne est toujours encore régie par l'idéal traditionnel que résume Sa Majesté Catholique. Seul peut-être durant le Moyen Age elle prétendit conformer sa vie sociale, politique et militaire à cet idéal. Pour lui, elle subit des désastres et en fut payée par le don d'une intangible autonomie morale. Par lui, également, tout ce qui appartient à la race et son art avant tout, appartient aussi à l'inspiration catholique, c'est-à-dire à celle d'un idéal acceptant de s'exprimer par la réalité entière. Au « siècle d'or », ce réalisme s'ennoblissait chez Velasquez par le culte d'une dynastie encore en pleine gloire, chez Murillo par l'illumination céleste. Goya, subissant un siècle de décadence, va nous donner une forme nouvelle de ce réalisme espagnol : le sentiment picaresque grandi hors de toute proportion, aggravant sa bohème jusqu'au complet désarroi moral. Dès ses premiers ouvrages, l'artiste accuse le souci de peindre la foule. Il aime le grouillement humain, ce désordre, cette inquiétude, cette libération.

Le même phénomène psychologique se retrouve à

chaque époque de crise. On se rapproche de la multitude alors que les idées pâlissent, que la pensée s'affaiblit, après de grandes guerres, avant de profondes transformations sociales. Rappelez-vous l'origine des maîtres drôles de Flandre. C'est bien le mouvement qui se peut le mieux comparer à celui qu'incarne Goya. Voici la même prédilection pour la foule populaire avec la liberté extrême entraînant bientôt les recherches caricaturales, le sens de la parodie, du masque, enfin la « diablerie », synthèse de déchéance, traduction du rêve pervers. Aux âges de foi ardente, l'extase d'en haut éclaire et soumet la vie ; aux époques de puissant ordre social, celui-ci la discipline encore. Pendant les décadences, au contraire, on s'abandonne à la seule matière comme à l'ultime source de vérité. Cependant ce n'est que pour y découvrir encore une sorte d'au-delà du mal. Le diabolisme des Flamands, demeuré religieux, ne montre ce mal qu'en conseil de bien. Celui du peintre espagnol, déjà moderne, s'abandonne au vertige mauvais. Pourtant, Goya revient à la sérénité dans les groupes élégants de ses promeneurs, dans les figures inoubliables de ses portraits. La beauté de ceux-ci triomphe même des disgrâces d'un vêtement, lui aussi, en décadence. Le poète a dit : « Quand un peuple vieillit, l'habit se décolore. » Il se déforme également. Où sont les armures héroïques et les habits de gala peints par Moro ou Velasquez et significatifs comme des parures liturgiques? La fin du costume ancien, l'approche, encore incertaine, d'un vêtement nouveau, rendent l'habillement des modèles de Goya souvent inexpressif ou maladroit. Les chevelures de femmes, à peine délivrées, s'exaspèrent en mousses auréolantes. La mousseline, non drapée encore, se charge inutilement de nœuds, de volants, de ceintures, de rubans aux coques folles. La rupture des générations nouvelles avec les mœurs anciennes se trahit par une artificialité que dénonce l'œil pénétrant du peintre.

Le malaise de ce désaccord se montre chez lui par l'obsession du pantin et du masque, souvent par une allure de marionnette donnée aux personnages. Voyez ici, au Prado, l'étourdissante interprétation d'une fête madrilène, l'*Enterrement de la sardine.* Dans la foule enivrée d'elle-même, pas un visage humain, rien que des gestes fiévreux démentis par l'immobilité des masques dérobant la vérité des âmes. La scène est dominée par une énorme face en carton au rire figé qui semble grimacer la joie de tous. Le masque est un des plus angoissants jouets du plaisir; l'artifice d'un visage immobile nous y inspire le frisson de l'immuable face des morts et de l'irrévocable vouloir des damnés. Dans les eaux-fortes des *Caprices,* vous le verrez à tout coup. Un des premiers dessins montre des femmes jeunes et charmantes qui acceptent la main d'inconnus devinés hideux sous les déguisements grotesques. Ne croyez pas qu'ici Goya raille seulement l'aveuglement féminin ; nous comprenons qu'il nargue tout le mystère de la destinée. Le monde se résume d'abord à ses yeux dans cette *Maison de fous* dont il fait un chef-d'œuvre. Méditez aussi les peintures qu'il composa pour orner sa demeure du Manzanarès. La vie s'y compose en cauchemar. Des êtres aux gestes incohérents, aux faces hurlantes, vous sont donnés pour des magiciens préparant des philtres : entendez les conducteurs ignorants de la masse. Voici le sabbat, ivresse de désespoir, avec les boucs diaboliques et les desservants sacrilèges. Voici des hommes s'essayant à voler en plein ciel et sur lesquels tirent des soldats parce qu'il ne faut pas que la pensée s'évade de la geôle sociale. Voici des agonies et des rires, des efforts vains et des résignations vaines encore ; voici le Temps qui dévore comme Saturne, les Parques filant les jours mauvais et une Judith inattendue qui pourrait peut-être présager l'espoir d'un héroïsme ?... Un chien jeté à l'eau et qui se débat contre le courant symbolise la détresse d'un tel milieu. C'est la contre-partie de la méditation souveraine de l'Escorial. Le roi se torturait devant Dieu de ne pouvoir dompter le mal humain ; l'artiste roule au torrent du monde, affolé de ses remous, écœuré de leur lie. Breughel se rapprochait de la foule misérable dans un grand esprit de pitié, de relèvement moral et aussi de bonhomie indulgente pour ses pauvres joies; Goya, au contraire, lui demande des aventures romantiques, partage un moment la vie des toreros, paraît peut-être avec eux dans l'arène, s'enthousiasme autant et plus que tout bon Espagnol pour la tauromachie, dernier reflet des héroïsmes anciens. Il n'a donc cherché dans la multitude qu'un affranchissement; peut-être, ensuite, un avilissement désiré par son scepticisme asservi au néant funèbre. Dans une époque destituée des ferveurs anciennes, il ne relève plus que l'inutilité de la douleur dans l'aveuglement des âmes. Masques de mensonge et de mort sur des faces de bêtes, telles lui apparaissent les physionomies humaines, d'après la confidence de ses *Caprices*.

Cette série d'eaux-fortes est un monument d'art qu'il convient de revoir à Madrid. Le titre, emprunté peut-être au grand décadent vénitien que fut Tiepolo, ne prétend que déguiser, en vue des censures, les sarcasmes que Goya enfermait dans ses dessins. Regardez le portrait de lui-même que l'artiste mit en tête de ces soi-disant *Caprices*. Comme son expression à la fois orgueilleuse, triste et rebelle résume bien la révolte du recueil! Suppliciés, bourreaux, anges, démons, ingénues puériles, vieilles abominables, sorcières et nécromants, imbéciles et fous plus douloureux que les animaux et les fantômes, tout un carnaval sinistre s'agite ici autour de nous comme dans le rêve de ces nuits hantées où l'on croyait jadis que la nature demeurait pour une heure sans lois et sans maître. Il est curieux que les compositions de Breughel et de Bosch aient pu être si recherchées et tant imitées en Espagne sans y provoquer la naissance d'un genre analogue et indigène. Peut-être le souci foncier de noblesse y fut-il le principal obstacle. Chez Goya, la diablerie n'apparaît qu'en forme de satire. Pourtant, bien des analogies se retrouvent entre les personnages des deux sabbats. Voici, par exemple, le chat au crâne aplati, aux yeux ronds ; Goya en fait un épouvantail magnifique ainsi que du hibou, emblème de bêtise et de terreur. L'âne prend un aspect plutôt caricatural, mais le bouc surgit avec une majesté antique. Le crâne est plus employé que chez les Flamands et transparaît fréquemment sous l'horreur de la face. Dans ce mauvais rêve, les femmes jeunes revêtent parfois une grâce spontanée qui rappelle la beauté comme stagnante, la perversité latente de celles de Bosch ; pourtant, celles de Goya semblent plutôt des victimes. Elles font penser à l'inconscience candide de Manon.

Nécessairement, dans un monde où il ne voit plus que folie et crime, la beauté apparaît à l'artiste comme la seule évidence heureuse. Il en a surtout exprimé le sentiment dans les deux figures de femme, l'une habillée, l'autre nue, qui comptent parmi les trésors du Prado. Goya les a peintes dans l'esprit espagnol arrivant par la vérité seule à cette perfection qui idéalise. Quelle merveille que cette pâte nuancée enfermant la vie et la lumière !

Ce sera le réalisme encore qui soutiendra les compositions religieuses de Goya, lesquelles ne méritent pas tout le mal qu'il est habituel d'en dire. Évidemment, l'artiste y remplace la ferveur par la convention académique. Une belle ordonnance et un coloris harmonieux demeurent dans les fresques qu'il exécuta si rapidement pour la basilique fameuse de Notre-Dame del Pilar à Saragosse. Elles s'animent d'une grâce et d'une pompe toutes romantiques. En y peignant *les Martyrs innombrables de Saragosse*, l'artiste semble avoir pressenti les héros de l'indépendance dans ces saintes charmantes comme les fillettes héroïques, dans ces suppliciés véhéments pareils aux combattants des sièges. La composition dispersée, avec trop d'espace pour trop peu de vie, trahit une époque ignorante du mystère de la concentration, cette base de toutes les puissances.

A Madrid, nous trouvons une sorte de déconcertant ex-voto résumant l'esprit de l'œuvre de Goya, dans la décoration de la chapelle de « San Antonio de la Florida ». Cet enchantement des yeux semble une énigmatique offrande du peintre à la beauté d'Espagne. Pour orner le petit temple à coupole récemment édifié à la gloire du saint, Goya représenta le thaumaturge ressuscitant un mort. C'est une évocation directe du site madrilène, de la Guadarrama voisine, surtout de la foule d'ici avec les belles jeunes femmes, le peintre lui-même, les gamins de Murillo grimpant à une balustrade pour voir le miracle. Celui-ci éclate davantage dans ce milieu familier que traverse un frisson d'au-delà : le menu geste du saint réveillant un cadavre. Afin de fêter mieux cette victoire sur la mort, Goya voulut l'entourer par la fleur même de la beauté vivante. Il prit l'élite de cette foule, les enfants, les jeunes filles et il en fit des anges décorant le temple voué au printemps, couvrant le sanctuaire comme d'un berceau de miracle dans lequel s'enlace toute la primeur des existences. Rien ne saurait dire jusqu'où atteignent ici la fantaisie et la puissance du peintre. Les visages sont d'une décision et d'un caractère qui atteint à l'abstraction de la beauté nationale pour la consacrer au « Dieu qui réjouit notre jeunesse ». Les yeux sont nouveaux et ravis, les lèvres précises et enivrées, les masses des corps pleines d'harmonieux équilibre. Des ailes de papillons et d'oiseaux allègent l'agenouillement pieux.

Enfin et surtout, le châle espagnol enveloppe de richesse souple la grâce des attitudes. Il déploie sur les murs son printemps diapré perpétuant la parure pascale de la terre, « Florida », le grand mystère de la petite chapelle de printemps. Devant la facture sommaire et splendide de ces draperies d'allégresse, de ces vêtements comme transfigurés de lyrisme pictural, il est impossible de ne pas se rappeler quel aboutissement c'est là dans l'histoire de l'art. Les premiers peintres chrétiens opposent le double mystère du nu et du vêtement. Celui-ci leur apparaît comme une suite du péché et sa réparation en gloire. La draperie pèse en affirmation de majesté dans les parures byzantines. Les primitifs la veulent réelle et ceux d'Espagne la déploient volontiers en roue de paon, sacrifiant l'animation des plis pour mieux étaler les dessins du tissu. On le sait : les Japonais, non moins épris de somptuosité, firent de même. Goya reprend ici cet épanouissement de l'étoffe mais il achève son apothéose en la montrant pénétrée d'air, de lumière, agitée de mouvement : une âme enfin dans l'avril.

Cette piété du beau ne forme qu'un répit dans l'angoisse d'une âme et d'une époque ; l'invasion vint finir le sommeil enivré. Heureux qui sait alors se lever aussitôt, redevenir lui-même en un seul bond du cœur... Goya qui a dessiné dans ses *Caprices* les cauchemars de la décadence, retrace avec une indignation plus grande encore les crimes de la guerre. Aux laideurs morales de son milieu, il avait opposé la beauté d'art; aux crimes étrangers, il oppose l'héroïsme patriotique. Deux toiles célèbres du Prado transfigurent de splendeur épique les drames que détaillent avec minutie les eaux-fortes accumulées pendant l'occupation. Les enfants et les femmes, tout à l'heure fleurs de beauté dans le temple, deviennent fleurs d'héroïsme dans les massacres. C'est d'abord le peuple attaquant les mécréants nouveaux, toujours ceux de l'Islam, les Mamelouks. Voici ensuite les fusillades du lendemain : les roches de la montagne « del principe Pio », sous un ciel noir et sourd comme la mort mais où pointe le geste invincible d'un clocher. Une lanterne posée à terre, près du peloton d'exécution, éclaire d'en bas le long cortège des patriotes tombant sous la fusillade.

Au milieu des remous de la délivrance nationale, Goya ne parvint pas à reprendre pied moralement, si bien qu'il s'en alla mourir en exil. Mais la patrie sut le comprendre et vint le retirer de la tombe étrangère. Il lui avait si bien exprimé son amour! Une composition trop peu étudiée encore résume sa foi dans l'Espagne. On y voit la ville de Madrid, triomphant dans le palais royal aux dallages luisants, aux colonnades pompeuses, où des anges lui apportent des lauriers avec la date du patriotisme nouveau : « Dos de Mayo ». Au-dessus, la Renommée souffle dans un long clairon militaire. Rencontre émouvante, cette allégorie de la capitale et de la nation semble inspirée des mêmes modèles qui donnèrent à Goya l'ex-voto de la beauté espagnole au sanctuaire du renouveau. On croit vraiment revoir une des figures angéliques de la Florida, avec les mêmes yeux d'amour, la bouche heureuse, les joues rondes, et cet air à la fois de femme et d'enfant, de séduction et d'empire. C'est que l'âme éternellement jeune d'une race vient d'accepter une fois de plus l'essentielle leçon : se défendre, se garder à soi et au monde. C'est toujours la gloire du sang versé, le devoir du fer. Chaque année on fait à Séville une procession qui porte à travers la foule orgueilleuse l'épée du saint roi Ferdinand, l'épée qui délivra. Si la joie du cortège n'est que pour la ville, sa leçon est pour le pays. Le « Dos de Mayo » demeure ici une date si passionnément chère bien moins à cause de l'invasion dès lors virtuellement repoussée qu'à cause du réveil de l'antique orgueil national. Le rêve amollissant du XVIIIe siècle s'est déchiré ; le choc des armes crie de nouveau les mots éternels.

Avertis de la sorte, voici maintenant que nous retrouvons dans Madrid toute l'attitude du pays devant la crise de l'ancien régime et devant le problème d'avenir. Nous pouvons comprendre enfin la jeune capitale choisie sans passé, à l'exclusion des métropoles rivales des royaumes anciens, afin de n'évoquer que l'unité nouvelle du pays. C'est d'ici que l'Espagne devait voir s'approcher l'épreuve moderne, bientôt l'invasion. Alors, elle a consulté le radieux reliquaire des souvenirs. Le faste clair du palais royal fait signe au sombre Escorial voisin où dorment les rois morts. Du palais de lumière et du palais d'ombre émane comme un double courant de fidélité pour tout le grand passé, vers l'avenir qu'il veut. Le palais royal a beau dater du XVIIIe siècle et en montrer l'architecture heureuse, il demeure plus fier encore que somptueux. Il s'élève sur l'emplacement d'un alcazar enlevé aux Maures; c'est d'un champ de combat qu'il dresse la masse de ses six étages et de ses quatre tours dans l'air vivifié aux neiges de la sierra voisine. Les rois qui l'habitent ne sauraient rien oublier de l'admirable histoire qui les y mena. L' « Armeria » qui fait partie des bâtiments de la Couronne et le musée d'artillerie dont il faut réunir les visites, conservent les souvenirs de la commune valeur des souverains et de leur peuple.

Il n'est pas au monde un endroit où méditer mieux sur la gloire des armes et sur leur mystère; un endroit où elles semblent plus magnifiques, plus nombreuses et plus nobles. C'est un saisissant contraste avec la visite du musée de peinture, cette flânerie parmi ces armes, du reste précieuses souvent comme des bijoux et des œuvres d'art, mais disant toutes la mort alors que tout, là-bas, disait la vie, même la mort traduite en beauté. Là-bas, c'était le travail des pinceaux créateurs et légers à l'image de la pensée qui les guide ; ici ce sont les armes qui ne se font si fines que pour surprendre et trancher le nœud attachant l'âme à la chair vivante, si lourdes que pour l'écraser. C'est tout l'envers de l'art, cet appareil de mort, mais l'art vivrait-il sans l'arme qui défend ? Voyez donc sa gratitude dans le travail des métaux. Avec ce travail, une vie reparaît dans les armes inhumaines. Elles deviennent la magnifique parure du jeu magnifique des joutes. On conserve au Prado une armure d'un travail précieux qui enveloppait strictement le corps de Charles-Quint. Le métal s'est moulé sur la stature humaine, et tout d'acier et d'or, l'homme luit, triomphal. Avant cette union de la chair fragile et du métal dur, que d'essais, ici, autour de nous de protection et d'attaque ! Quelle tristesse enfantine dans les boucliers de cuir aux douces mosaïques en plume des anciens chefs mexicains ! Quelle grâce altière dans les fines armures japonaises opposant au métal la matière nouvelle des laquages !

Comme pour un dernier contraste, l'art nous rappelle au Palais, sous une forme spéciale, plus vivante s'il se peut que la peinture, plus opposée encore aux rudesses du fer. La tapisserie « historiée » formant non pas seulement tapis ou tenture, mais aussi tableau, constitue une des deux grandes conquêtes artistiques du Moyen Age, l'autre étant le vitrail. Celui-ci supprimait l'opacité des murs pour en faire des pans de ciel fixés en visions. Celle-là supprime leur froidure et leur dureté par la souplesse et la douceur d'une étoffe peinte d'univers. Dans un édifice médiéval, le vitrail et la tapisserie se répondent comme dans un paysage se complètent le ciel et la terre, l'un fluide, intangible et sublime, l'autre protectrice, innombrable et familière. Au palais comme à l'église, l'art s'est refait un monde. La Belgique et l'Espagne se sont encore une fois rencontrées. Nulle part mieux qu'ici les tapisseries de Bruxelles ne furent appréciées. Nous avons remarqué tantôt comment des processions transforment le monde autour d'elles en renouvelant la lumière par les flambeaux, l'atmosphère par l'encens, les rumeurs de la vie par la musique. A tout cela, les tapisseries tendues au long de la route ajoutent une transformation dernière, celle des aspects du site. Le cortège sacré s'encadre alors dans l'éploiement de somptuosités et de ferveurs choisies. Pour la procession royale de la Chandeleur, les galeries du palais de Madrid sont tendues de tapisseries merveilleuses. On y admire notamment une demi-douzaine de pièces flamandes représentant l'histoire de la Vierge; c'est Van Eyck ou Memling peignant de soie et d'or.

La collection royale de la « Tapiceria » entourée de soins jaloux dès ses origines sous Philippe II, est bien la plus précieuse qui existe. Elle comprend environ huit cents pièces de tout premier ordre, en majeure partie flamandes et bruxelloises. Après les nombreux achats aux Pannemaker de Bruxelles, Philippe V appelle à Madrid l'Anversois Vandergoten avec ses quatre fils. Ainsi fut fondé l'atelier royal de Santa Barbara, pour lequel Goya fit tant de modèles. Des collections d'excellentes photographies, souvent en couleurs, suppléent le mieux possible à la difficulté qu'opposent aux études, même avec les plus gracieuses complaisances, des pièces énormes, trop nombreuses pour être simultanément exposées, et, du reste, captives de leur usage royal. Il est cependant devenu possible, et c'est l'essentiel, d'apprécier l'esprit d'un tel trésor, sa valeur de beauté et de pensée. Voici les compositions encore gothiques qui subsisteront plus longtemps dans cette forme d'art que dans la peinture, tant on apprécie autour de soi, dans la familiarité des palais, la douceur de leurs représentations si ferventes des mystères chrétiens. Les traits abondent pour nous rappeler combien les souverains les aimaient, en recherchaient l'apaisement. Voici celles qui adoucirent la réclusion de Jeanne la Folle; voici celles que voulut emmener à Saint-Yust le vieil ascète impérial. On intitule « Dosel del Emperator Carlos » une garniture de dais qui probablement vit au palais de Bruxelles (hélas brûlé !) l'abdication du nouveau Charlemagne. Cette admirable garniture, sans doute inspirée en partie de Metsys, comporte notamment un calvaire où, devant la croix, se réconcilient la Justice et la Paix. La première remet au fourreau l'épée sanglante, l'autre recueille dans le calice eucharistique le sang qui efface tout crime. Rien de plus significatif que cette abdication de l'inutile Vengeance devant le tout-puissant Rachat, cette victoire du sang sur le fer, qui le fait en vain couler. Oui, ce dut être là le principal sujet des méditations impériales aux approches de la fin...

Toutes les pensées familières à l'Occident chrétien du Moyen Age sont représentées ici.

Voici la série unique comme dimensions et comme nombre de pièces, des tapisseries figurant l'Apocalypse, mystérieux dénouement de la tragédie humaine. Voici la *Messe de saint Grégoire*, l'espoir quotidien de l'autel précisé par le rapprochement avec la Passion, en l'identité d'un même sacrifice. Voici les diableries et leur dérision apitoyée de la vie, avec le *Chariot de foin* déjà vu à l'Escorial, mais enfermé cette fois dans l'image du globe que domine la croix méconnue. Voici encore les prouesses historiques, une longue suite racontant la prise de Tunis que peignit un Flamand emmené à cette fin et qu'on appelait Juan el Majo. Elle fut tissée à Bruxelles par Guillaume de Pannemaker. Il y a aussi les imaginations mythologiques qui sont la pensée de la nature en sa propre faiblesse; puis des venaisons, des fruits, des fleurs, des « grotesques », tout l'épanouissement matériel qui frémit, au contraire, de richesse exultante, exaltante. C'est, de nouveau, le rêve des peintres que réalisent les deux écoles les plus éprises de couleur qui furent jamais : celle de Flandre et celle d'Espagne. Cette couleur, ils la poursuivent ici encore, accusée par une matière plus riche : le velouté des laines, le luisant des soies, la lumière de l'argent et de l'or, animée par la souplesse de l'étoffe. Ce que la sculpture espagnole voulut en teintant la matière de ses reliefs, la tapisserie l'achève pour le tableau dont elle ramène ainsi le diaprement au milieu de la nature qui l'inspira et où il devient vibrant, frissonnant comme la vie. C'est l'achèvement du rêve national : le réel, par l'éclat, pour l'intime ferveur. La visite, dans des salles royales, de ces énormes tableaux d'une matière exclusivement précieuse, d'un luxe tellement excessif, constituant chacun un trésor pour évoquer ici tous les trésors que peuvent atteindre les yeux et la pensée, vous écrase sous l'enivrement des suprêmes richesses, la totalisation du rêve souverain.

Madrid nous avait paru d'abord trop clair, trop nouveau. Maintenant nous comprenons qu'il continue fidèlement les capitales anciennes des Espagnes, poussant chacune à bout un de nos grands instincts. On le sait, par un effet de mirage, certains sommets nous montrent nos gestes en plein ciel. Nous avons vu cela ici par un jeu de sommets de vie, d'art, de pensée. Burgos avec sa cathédrale de féerie, son crucifix terrible, sa légende de sang et de gloire, nous montra l'héroïsme livrant seul aux âmes grandies l'entièreté du destin. Tolède fut la tiare enseignant tout mystère, l'au-delà de nous-même et de cet univers. L'Escorial et l'Alhambra, le plus lourd des tombeaux, le plus doux des palais, ont opposé pour nous l'appétit de mourir et l'appétit de vivre. Séville dans un air enchanté de bonheur, Madrid avec la surprise d'une méconnaissance nous ont offert cette abstraction de la vie dans l'œuvre d'art qui semble nous livrer l'âme de toute chose. Pour mieux découvrir cela, nous avons oublié tout le pittoresque de la route, tout le détail de l'inépuisable aventure. Une synthèse est devenue l'enjeu de notre voyage. Par tout ce que nous avons vu, par tout ce que nous n'avons pas voulu regarder, un mot fut murmuré tout au fond de nous-même : l'Espagne nous apprit l'exaltation de soi.

TABLE DES GRAVURES

TABLE DES MATIÈRES

IMPRIMERIE BERGER-LEVRAULT, NANCY-PARIS-STRASBOURG

www.ingramcontent.com/pod-product-compliance
Ingram Content Group UK Ltd.
Pitfield, Milton Keynes, MK11 3LW, UK
UKHW022057260726
13993UKWH00001B/166